LAS CINCO TRAMPAS DE LA ANSIEDAD

ALICE BOYES

LAS CINCO TRAMPAS DE LA ANSIEDAD

Cómo evitar que tu mente te bloquee

zenith

Obra editada en colaboración con Editorial Planeta - España

Título original: *The Anxiety Toolkit*

© Alice Boyes, 2015
Esta edición se ha publicado en acuerdo con TarcherPerigee, un sello de Penguin Publishing Group, una división de Penguin Random House LLC.

© de la traducción, Montserrat Asensio Fernández, 2023

© 2023, Editorial Planeta, S. A. - Barcelona, España

Derechos reservados

© 2023, Ediciones Culturales Paidós, S.A. de C.V.
Bajo el sello editorial ZENITH M.R.
Avenida Presidente Masarik núm. 111,
Piso 2, Polanco V Sección, Miguel Hidalgo
C.P. 11560, Ciudad de México
www.planetadelibros.com.mx
www.paidos.com.mx

Primera edición impresa en España: mayo de 2023
ISBN: 978-84-08-27078-2

Primera edición impresa en México: octubre de 2023
ISBN: 978-607-569-581-5

Impreso en los talleres de Impregráfica Digital, S.A. de C.V.
Av. Coyoacán 100-D, Valle Norte, Benito Juárez
Ciudad de México, C.P. 03103
Impreso en México – *Printed in Mexico*

SUMARIO

Nota acerca de los ejemplos de clientes que se presentan en el libro:

Los ejemplos de clientes que se incluyen en el libro son perfiles de clientes ficticios confeccionados a partir de la combinación de múltiples clientes reales, y se han modificado todos los detalles para proteger su intimidad. Las referencias a mi práctica clínica se basan en mi trabajo en Nueva Zelanda de 2008 a 2013.

Renuncia de responsabilidad:

El contenido de este libro tiene fines meramente informativos y en ningún caso sustituye a la terapia individual. Es posible que no todos los consejos estén indicados para todos los lectores.

PARTE 1

ENTIÉNDETE A TI MISMO Y A TU ANSIEDAD

CAPÍTULO 1

CÓMO FUNCIONA LA ANSIEDAD

¿Te suena algo de esto?

- Te lo piensas demasiado antes de pasar a la acción.
- Tiendes a hacer predicciones negativas.
- Te preocupas por lo peor que podría pasar.
- Llevas muy mal los comentarios negativos.
- Eres autocrítico.
- Todo lo que no sea un desempeño extraordinario te parece un fracaso.

Has de saber que, si has respondido que sí a algunos de los puntos (o incluso a todos), no estás solo y, probablemente, sufras cierto grado de ansiedad. La ansiedad es un estado emocional que se caracteriza por sensaciones de preocupación, nerviosismo e intranquilidad. Los trastornos de ansiedad afectan a 40 millones de estadounidenses mayores de dieciocho años, y la «ansiedad cotidiana» afecta a todavía más personas.[1]

La investigación nos dice que, a pesar de que la ansiedad puede adoptar varias formas, todos los tipos y grados de ansiedad se basan en los mismos mecanismos psicológicos. La información que estás a punto de leer te resultará útil y será relevante para ti independientemente de cómo se manifieste tu ansiedad, tanto si se trata de un trastorno de ansiedad como si, tal y como me sucede a mí, eres una persona ansiosa por naturaleza.

CÓMO FUNCIONA LA ANSIEDAD

La ansiedad se manifiesta como un conjunto de síntomas diversos, tanto emocionales como físicos o cognitivos (este término alude a los pensamientos). Aunque no hay dos personas con ansiedad que presenten la misma sintomatología exacta, todas las personas con ansiedad presentan síntomas de los tres tipos. En la tabla siguiente verás ejemplos de cada uno de ellos.

Los cuatro elementos de la ansiedad	Ejemplo
Elemento conductual	• Necesidad de aplazar tareas importantes, pero que provocan ansiedad (ansiógenas). • Necesidad de seguir buscando información en lugar de actuar. • Necesidad de esperar el visto bueno de un tercero antes de actuar.
Elemento emocional	• Nerviosismo, preocupación o aprensión.
Elemento físico	• Aumento de la frecuencia cardiaca, sensación de malestar en el estómago.
Elemento cognitivo	• Temor al fracaso. • Revivir mentalmente los eventos cuando nos preocupa cómo nos pueden haber percibido los demás.

Si bien acostumbramos a entender la ansiedad como un fallo, lo cierto es que es una ventaja evolutiva, un sistema de hipervigilancia que nos insta a detenernos e inspeccionar nuestro entorno. Sentirnos ansiosos nos impulsa a estar atentos ante potenciales amenazas. Si detectamos una, se supone que no debería resultarnos fácil dejar de pensar en ella. Y eso era fantástico para nuestros antepasados prehistóricos, preocupados por la supervivencia de la familia, pero no lo es tanto si eres un trabajador convencido de que lo van a despedir.

Muchas de las personas que sufrimos ansiedad tenemos sistemas de alarma que se disparan con demasiada frecuencia y sin que haya un motivo justificado para estar excesivamente preocupadas. ¿Por qué sucede? Puede que tengamos sistemas de ansiedad más sensibles, o que hagamos cosas que alivian la ansiedad a corto plazo (como evitar lo que nos provoca ansiedad), pero que la intensifican a largo plazo.

Las falsas alarmas de ansiedad, que nos llevan a ver amenazas donde no las hay o a preocuparnos por cosas que no han sucedido, no son un fallo del sistema. Piénsalo en los términos de nuestros antepasados: en un caso de vida o muerte, no detectar una amenaza real (lo que denominamos *falso negativo*) es mucho más problemático que detectar un peligro potencial que no se materializa (falso positivo). Por lo tanto, las falsas alarmas son una parte integral del sistema una especie de «más vale prevenir que curar».

Salir de la zona de confort provoca ansiedad. Por otro lado, si evitamos salir de nuestra zona de confort, vivimos vidas menos plenas. Tiendo a la ansiedad, por lo que casi todas las decisiones importantes que he tomado a lo largo de mi vida han venido acompañadas de síntomas físicos de ansiedad. Sin embargo, si no hubiera estado dispuesta a tomar decisiones que me provocaban más ansiedad de manera temporal, mi vida actual estaría mucho más vacía.

Además de ser imposible, reducir la ansiedad a cero tampoco sería útil. El problema no es la ansiedad en sí misma. El problema llega cuando la ansiedad alcanza tal intensidad que nos paraliza y nos bloquea. Llamo *trampas de ansiedad* a estos atascos. A lo largo del libro, trabajaremos cómo gestionar el modo en que respondemos ante cinco trampas de ansiedad: las dudas excesivas antes de pasar a la acción; la rumiación y la preocupación; el perfeccionismo paralizante; el miedo a los comentarios y a la crítica, y la evitación (que incluye la procrastinación).

He decidido centrarme en estas cinco trampas en concreto porque creo que son los temas comunes que afectan a prácticamente todos los clientes con ansiedad con los que he trabajado. Las trampas se autoperpetúan porque generan estrés adicional. Por ejemplo, alguien duda tanto que se pierde oportunidades importantes y esto empeora su situación económica. O alguien que evita los comentarios y no está sobre aviso de problemas reales que podrían haberse arreglado antes. Cuando alguien queda atrapado en alguna de las cinco trampas de ansiedad, lo más habitual es que no vea la imagen completa y que adopte estrategias de resolución de problemas que no son efectivas. Aprender a superar estos atascos te ayudará a gestionar tus tendencias ansiosas y a acercarte a tus objetivos vitales, sean cuales sean.

¿Cómo te ayudará este libro a superar con éxito los bloqueos ansiosos? Las herramientas que encontrarás aquí se basan en los principios de la terapia cognitivo-conductual (TCC). La TCC está ampliamente considerada como el tipo de tratamiento más efectivo para la ansiedad y cuenta con el respaldo de décadas de investigación.[2] La expresión *cognitivo-conductual* significa, sencillamente, que la terapia aborda los pensamientos y la conducta, y subraya que este abordaje dual es la mejor manera de lograr objetivos. Para ser más precisos, deberíamos hablar de *terapias cognitivo-conductuales*, porque, en realidad, la expresión alude a una familia de terapias que comparten los mismos principios subyacentes. Sin embargo, como la mayoría de las personas hablan de *terapia cognitivo-conductual*, yo usaré ambas e indistintamente.

Necesitarás tres cosas para superar con éxito tus atascos ansiosos. La primera es conocer los patrones cognitivos y conductuales que han llevado al desarrollo y a la persistencia de la ansiedad. La investigación sobre la ansiedad ha revelado cuáles son estos patrones y te los explicaré para que aprendas a reconocerlos.

El segundo elemento esencial es contar con un conjunto de herramientas o estrategias de afrontamiento a las que recurrir cuando te encuentres atrapado en la telaraña de la ansiedad. Compartiré contigo un conjunto de estrategias que te ayudará a desbloquear tus atascos para que puedas dirigirte hacia tus objetivos y sentirte mejor.

La tercera pieza del rompecabezas es que cuentes con cierto nivel de confianza en ti mismo. Has de creer en tu capacidad para usar la información y las herramientas que te proporcionaré para resolver tus problemas. Si aún no cuentas con esta seguridad en ti mismo, no te preocupes, porque lo trabajaremos juntos, sobre todo en la tercera parte del libro.

ESTE LIBRO NO ES COMO LOS DEMÁS

Puede que te estés preguntando si este no será otro de esos libros edulcorados de pensamiento positivo que te piden que sonrías y lo veas todo de color de rosa. ¡Ni por asomo! El mensaje tradicional «No te preocupes, sé feliz» me irrita porque me gusta sentir que estoy preparada para las cosas que podrían salir mal. Y conozco a muchas otras personas ansiosas por naturaleza que piensan igual que yo. Muchas de ellas han recibido durante toda su vida mensajes como «No te preocupes», «No te estreses» o «No le des tantas vueltas» y, como resultado de que les digan constantemente que se relajen más y se tomen las cosas con más calma, acaban creyendo que hay algo que no va bien en su manera de ser. El mensaje «No te preocupes y sé feliz» desoye la investigación que demuestra los beneficios tanto del optimismo como de lo que se conoce como *pesimismo defensivo*.[3]

Afrontar la ansiedad con éxito requiere que aprendamos a trabajar con nuestra naturaleza, a aceptarla y a quererla, en lugar de luchar contra ella. Personalmente, y aunque tiendo a la ansiedad, me gusta cómo soy. Si aún no puedes decir lo mismo, espero que también llegues a entender y a querer tu manera de ser. Te será mucho más fácil llegar a ese punto cuando la ansiedad no te incapacite. Si solo te has de quedar con una cosa de este libro, que sea que comprendas que no hay nada malo en tener una predisposición a la ansiedad. Está bien ser alguien a quien le gusta reflexionar sobre las cosas y sopesar qué podría ir mal. No ser espontáneo y despreocupado por naturaleza tampoco tiene *nada* de malo. Está bien considerar los posibles resultados negativos... siempre que también:

- Pensemos en los posibles resultados positivos.
- Nos demos cuenta de que la posibilidad de un resultado negativo no es, necesariamente, motivo suficiente para no hacer algo.
- Seamos conscientes de nuestra capacidad innata para afrontar situaciones que no salen como estaban previstas.

En los capítulos siguientes, aprenderás algunos trucos y consejos para salir del bucle de ansiedad cuando esta se dispare. Podrás usar estas microintervenciones para afrontar momentos en los que te descubras pensando más de la cuenta, buscando información más allá de lo necesario, dándole vueltas a algo sin parar o evitando probar algo importante para ti por miedo a que salga mal. No es necesario que cambies drásticamente tu manera de ser. Basta con que entiendas tu estilo de pensamiento y aprendas trucos que te permitan cambiar tus pensamientos y conductas cuando te sea ventajoso hacerlo.

¿Otra diferencia de este libro? Los adultos con los que he trabajado me han enseñado que quieren entender los principios que sustentan los consejos que se les venden. Quieren adaptar las estrategias específicas que se ajusten a su personalidad, a su estilo de vida y a sus objetivos. Este libro te dará las herramientas y la confianza necesarias para hacer precisamente eso. Te ayudaré a avanzar, pero quien lleva el volante eres tú.

¿POR QUÉ ESCRIBÍ ESTE LIBRO?

Aunque no padezco ningún trastorno de ansiedad, siempre he tenido una personalidad ansiosa. Era una de esas niñas que se negaba a ir de campamento porque me aterraba que los monitores me obligaran a comer comida que no me gustara o me riñeran por algún error. Cada año, en los días previos al inicio de curso, me estresaba tanto por tener que adaptarme a otro maestro que acababa vomitando.

Antes de comenzar los estudios de posgrado, apenas entendía mi propia ansiedad. Entonces me formé en psicología clínica, que es la rama de la psicología que trata los trastornos, como el trastorno de pánico, el trastorno obsesivo-compulsivo, la depresión y los trastornos de la alimentación. Durante mi formación en terapias cognitivo-conductuales, me di cuenta de lo mucho que la TCC me estaba ayudando a entender mis propios patrones cognitivos y conductuales. No empleaba las técnicas exactas que se utilizan para tratar a pacientes con problemas clínicos, pero sí que usé los principios de lo que estaba aprendiendo para modificar mis patrones de pensamiento y mi forma de reaccionar ante el estrés.

Cuando me gradué y abrí mi consulta, descubrí que, con frecuencia, la TCC resolvía con relativa rapidez los problemas iniciales por los que los clientes me venían a ver. Por ejemplo, cuando alguien venía para tratar sus ataques de pánico, a menudo dejaba de sufrirlos con bastante rapidez. Si venían por una depresión, su estado de ánimo solía mejorar rápidamente, hasta el punto de que ya no se les consideraba clínicamente deprimidos. Si venían por problemas de atracones, muchas veces rompían el ciclo de

atracones y dieta al cabo de solo unas semanas de tratamiento. No es que a esas alturas estas personas se hubieran
librado de sus problemas, tan solo habían dejado de mos-
trar sus síntomas principales. Seguían teniendo muchas
preguntas acerca de cómo afrontar la ansiedad y el estrés y
necesitaban habilidades adicionales para conseguirlo. Las
terapias que había aprendido no resultaban tan útiles en
esta etapa del proceso terapéutico, por lo que empecé a
desarrollar mi propio material. Me guie por mis clientes,
por los resultados de la investigación y por lo que sé que
me funciona a mí para afrontar la vida y la ansiedad.

Empecé a compartir en un blog los materiales que había desarrollado y, pronto, varias revistas se pusieron en
contacto conmigo para que les ofreciera consejos profesionales en sus artículos. Descubrí que había muchas personas interesadas en aprender a usar herramientas cognitivo-conductuales para resolver problemas cotidianos. Con
frecuencia, el interés procedía de personas que se enfren-
taban a cierto grado de ansiedad, pero que no tenían trastornos clínicos. También me di cuenta de que las personas
con trastornos de ansiedad que acudían a mi consulta lo
hacían por la información que había publicado en el blog o
en revistas. La información que les resultaba útil tenía que
ver con principios cognitivo-conductuales generales, pero
no era necesariamente específica de su trastorno.

A medida que mi carrera avanzaba, me empecé a espe-
cializar en adaptar los principios de la TCC para convertirlos
en herramientas que se pudieran usar en el afrontamiento
de problemas cotidianos, sobre todo los relacionados con
la ansiedad. Como tengo formación tanto en psicología
clínica como en psicología social, puedo combinar cono-

cimientos de ambas áreas. Como resultado, mi enfoque es algo distinto al de otras personas. Puedo combinar información de la investigación en psicología social (cómo piensan y se comportan las personas en general) con la de la psicología clínica.

Las herramientas que encontrarás aquí no solo me han funcionado a mí, sino también a mis clientes, y espero que también te funcionen a ti. Sigo usando prácticamente todos los principios que voy a compartir contigo. Como hace más de diez años que me empecé a formar en TCC y utilizo los principios y las herramientas a diario, ahora empleo versiones extremadamente abreviadas de las herramientas originales. Cuanto más practiques, más desarrollarás tus propios atajos.

QUÉ VIENE A CONTINUACIÓN

Este libro se divide en tres partes. La primera sienta las bases para que aprendas cómo funciona la ansiedad y entiendas mejor tu naturaleza. Cada uno de los capítulos de la segunda parte aborda un atasco concreto y presenta herramientas específicas que podrás poner en práctica para desbloquearlo. En la tercera parte, hablaremos de cómo puedes integrar el material anterior en tu vida de ahora en adelante y de cómo resolver proactivamente los problemas más habituales. También te ofreceré sugerencias para el trabajo continuo de autodesarrollo que va más allá del enfoque en la ansiedad de este libro.

A partir de ahora, los capítulos del libro comenzarán con un test con el que podrás evaluar la relevancia que pueden tener para ti y hacerte una idea de los objetivos de aprendizaje para cada capítulo. Tendrás que responder a cada pregunta con A, B, C o (a veces) D. El contenido del capítulo te ayudará a que te inclines cada vez más hacia la A.

En los capítulos de la segunda parte, hablaremos, primero, de los cambios de pensamiento recomendados y, luego, de los cambios de comportamiento. Para cada cambio de pensamiento, te presentaré un experimento que te ayudará a hacer el cambio. Te aconsejo que tengas una libreta a mano junto al libro para cuando llegues a los experimentos.

USA EL LIBRO DE LA MANERA QUE MÁS ÚTIL TE RESULTE

Puedes interactuar con el material que te presentaré de la manera que te resulte más útil. Recuerda que el objetivo es que construyas tu propia caja de herramientas para combatir la ansiedad y que la personalices con las estrategias que más te gusten, adaptándolas a tu medida.

Te irá bien tener presentes unas cuantas cosas.

El libro se ha diseñado como material de referencia y puedes retroceder a capítulos anteriores siempre que te resulte necesario. Vuelve a él cuando necesites información acerca de un problema concreto al que te estés enfrentando o cuando quieras probar algo nuevo (como cuando uno está de humor para probar una receta de cocina nueva). Si te da la sensación de que te estás sobrecargando de información, interrumpe la lectura cuando hayas aprendido algo que quieras aplicar en tu vida cotidiana. Siempre puedes volver al resto del material cuando te apetezca.

Es posible que te des cuenta de que pensar y leer acerca

de los síntomas de ansiedad despierta tus propios síntomas de ansiedad. Y también es posible que esto suceda de forma aleatoria. Que te pase un día no significa necesariamente que te vaya a pasar al siguiente que cojas el libro. Si te soy sincera, hay veces en que escribir o hablar acerca de la ansiedad me provoca ansiedad. Forma parte de este viaje que estamos a punto de emprender juntos. Si leer acerca de la ansiedad te provoca ansiedad en algún momento, puedes elegir entre seguir leyendo, y esperar a que remita de forma natural, o cerrar el libro durante unos días.

También es posible que te des cuenta de que leer te resulta mucho más cómodo que pasar a la acción y que te cueste poner en práctica los experimentos que te sugiero porque no estás totalmente seguro de si te irán bien o de si los harás a la perfección. La clave reside en tomar conciencia de que no puedes esperar a que esas emociones y preocupaciones desaparezcan antes de intentarlo. Lo más probable es que tuvieras que esperar eternamente. La buena noticia es que pasar a la acción cuando sientes incertidumbre hará que te resulte más fácil pasar a la acción la próxima vez que te sientas inseguro. Céntrate en lo que te parece factible, aunque sea poco.

Muchas personas con ansiedad tienen problemas con más de un tipo de ansiedad (por ejemplo, problemas con la preocupación y con la ansiedad social). Si este es también tu caso, es probable que el enfoque transdiagnóstico (es decir, que no se centra en ningún diagnóstico concreto) que adopta este libro te resulte especialmente útil. Si crees que puedes tener un problema de ansiedad clínica, como un trastorno de ansiedad social o un trastorno de pánico, es probable que, en algún momento, te beneficie seguir un tratamiento indicado específicamente para ti (en la página en inglés <TheAnxietyToolkit.com/resources> encontrarás algunas sugerencias al respecto). En ese caso, el material del libro funcionará como complemento del tratamiento.

Por último, a veces un buen consejo general puede no ser bueno para ti. Parte de aprender a aceptar y a querer tu forma de ser consiste en empoderarte para ignorar los consejos que no encajen contigo. Te daré un ejemplo: mucho antes de que pensara en escribir mi propio libro, empecé a asistir a presentaciones de libros. En casi todas estas charlas, algún miembro del público pregunta al autor algo acerca de cómo aborda el proceso de escritura. La mayoría de los autores responden que se levantan al amanecer, porque necesitan poder escribir sin interrupciones antes de que sus hijos se levanten o de tener que ir al trabajo. Sin embargo, en una mesa de debate reciente, un autor dijo que escribía a ratos a lo largo del día, cada vez que se le ocurría una idea (a menudo mientras estaba trabajando). La sala se quedó en silencio porque esto no se ajustaba a la idea convencional o al consejo dado por el resto de los escritores de la mesa. Sin embargo, era evidente que este autor había aprendido a entender su propia naturaleza y a ignorar los consejos que no le funcionaban.

Si tienes claro que no quieres probar alguna de las sugerencias del libro, pasa página y cambia de sección. Encuentra algo que sí quieras hacer y empieza por ahí. Descubre qué te funciona según tus preferencias y la etapa en que te encuentres. Si pruebas alguna de las sugerencias y te falla, o alguno de los consejos no te da resultado, siéntete libre de ignorarlos. Ese es el principio de empezar a aceptarte tal y como eres. Sigamos trabajando en ello.

CAPÍTULO 2

ENTIENDE TU MULTIDIMENSIONALIDAD

E ste capítulo te presentará conceptos relacionados con la personalidad que te ayudarán a entender cómo funciona la mente. Conocer estos aspectos de ti mismo te ayudará a entender mejor tu ansiedad.

Completa el siguiente test para ver si este capítulo guarda relación contigo. Elige las respuestas que mejor se ajusten a ti. Si ninguna de ellas coincide con exactitud, selecciona la que más se aproxime.

1. **¿Entiendes bien tu naturaleza fundamental?**
   a. Entiendo bien lo que me motiva y lo que me hace sentir emocionalmente equilibrado o desequilibrado.
   b. Hay algunos aspectos de mí mismo que no entiendo.
   c. Hay muchos aspectos de mí mismo que no entiendo.

2. **¿Alguna vez sientes que tus instintos naturales están en conflicto? Por ejemplo, quieres buscar nuevas oportunidades, pero tu instinto de preocuparte por todo lo que podría ir mal se activa y te bloquea.**
   a. Puedo mantener el equilibrio entre estar centra-

do en las recompensas potenciales y preocupar-
me por lo que podría salir mal.

b. A veces.

c. Sí, me pasa muchas veces.

3. **¿Entiendes bien lo que tiende a sobreestimu-
larte? Por ejemplo, demasiado contacto social o cambios de planes repentinos.**

a. Entiendo lo que me altera. He organizado mi
vida para minimizar esas situaciones y para que
permita recomponerme de manera efectiva
cuando me sobreestimulo.

b. Me gustaría entenderlo mejor.

c. No lo he pensado nunca.

4. **¿Sabes distinguir entre la meticulosidad y el
perfeccionismo?**

a. Sí, y sé que, en ocasiones, la búsqueda de la perfección lleva a que seamos menos meticulosos en
general.

b. En teoría sí, pero en la práctica confundo con
frecuencia las dos cosas.

c. Creo que son lo mismo.

5. **¿Te parece fácil identificar el tipo de cautela y
precaución que te resultan útiles frente a los
momentos en los que la cautela y la precaución te paralizan?**

a. Sé cuándo ser precavido y cauto es una ventaja y
cuándo no, y puedo adaptar mi comportamiento
en consecuencia.

b. A veces me doy cuenta de que estoy siendo demasiado precavido o cauto, pero siento que no puedo controlarlo.

c. Si estoy siendo demasiado precavido o cauteloso, no suelo darme cuenta hasta mucho después de que suceda, si es que llego a hacerlo.

6. **¿Te resulta fácil moderar aspectos de tu naturaleza? Por ejemplo, si eres muy persistente, ¿puedes moderar ese comportamiento en situaciones en que darte un respiro es una idea mejor que seguir dándote cabezazos contra la pared?**

a. Sí, la mayoría de las veces.

b. Depende.

c. No.

A continuación, tienes la interpretación de los resultados.

Mayoría de A
Te entiendes bien y puedes moderar tus tendencias fuertes para usarlas a tu favor y que no te causen problemas. Aunque es posible que no necesites toda la información que encontrarás en el capítulo, es probable que encuentres como mínimo un par de cosas útiles.

Mayoría de B
Te entiendes hasta cierto punto, pero a veces tienes dificultades para moderar tendencias dominantes que quizá no sean las más indicadas en determinadas situaciones.

Este capítulo te ofrece la oportunidad de adquirir una comprensión más completa y matizada de cómo funcionas.

Mayoría de C

Quizá te das cuenta de que eres distinto a otras personas en algunos aspectos, pero esas diferencias son fuente de confusión o de vergüenza para ti. Este capítulo te ayudará a entender mejor tu naturaleza y a trabajar con ella para minimizar la ansiedad excesiva. El capítulo también te ayudará a reconocer los momentos en los que te encuentras atrapado en tipos contraproducentes de cautela y precaución.

Lo que necesitas para gestionar mejor tu ansiedad no es entender a la persona ansiosa promedio, sino entender tu propia multidimensionalidad. Cuando hablo de multidimensionalidad, me refiero a que entiendas tu naturaleza más allá de la predisposición a la ansiedad. Por ejemplo, una persona ansiosa y amable será distinta a una persona ansiosa y antipática. Las personas muy amables pueden reaccionar a la ansiedad accediendo a cosas con las que se sienten incómodas. Las personas antipáticas pueden reaccionar a la ansiedad criticando las ideas de otros y viendo solo los defectos en los planes, lo que las lleva a renunciar a colaboraciones que podrían ser muy interesantes.

El pensamiento individual y el estilo motivacional de cada persona están conformados por una variedad de rasgos, no solo por la ansiedad. Por eso es importante explicar algunos conceptos básicos sobre el funcionamiento del cerebro, que te ayudarán a entender cómo funcionas tú. Como no lo puedo incluir todo, a continuación encontrarás algunas de las áreas de la personalidad y del temperamento de las que acabo hablando con más frecuencia con las personas con propensión a la ansiedad. Comprender estos conceptos te ayudará a adquirir el autoconocimiento general que necesitas para entenderte, descubrir cuál es tu manera de funcionar óptima y aumentar tu autoaceptación positiva. No todos los apartados del capítulo serán relevantes para todos los lectores, pero los que no sean especialmente relevantes para ti te ayudarán a entender mejor a otras personas.

INTROVERSIÓN Y EXTROVERSIÓN

El estereotipo de persona ansiosa tiende a ser sinónimo de persona introvertida. Hay algo de verdad en esta percepción generalizada, ya que, estadísticamente, es más probable que las personas con trastornos de ansiedad sean también introvertidas.[1] Sin embargo, algunos de los clientes a los que he tratado y que tenían más dificultades de ansiedad eran personas extrovertidas.

Por ejemplo, en cierto modo, la ansiedad social es más fácil de llevar para las personas introvertidas. Si los introvertidos socialmente ansiosos trabajan su ansiedad social lo suficiente como para forjar unas pocas relaciones estrechas que no les susciten ansiedad, con frecuencia se encuentran bien. Por el contrario, los extrovertidos con ansiedad social anhelan más que un círculo estrecho de confidentes y de seres queridos.

Si eres un extrovertido ansioso, acepta la extroversión y que es normal (aunque sea menos frecuente) que la extroversión conviva con la ansiedad. A medida que avancemos, te ayudaré a entender la psicología que está tras tu ansiedad, que te impide mantener la interacción social que anhelas y que te impide ser fiel a tu naturaleza fundamental como extrovertido. Una vez que entiendas por qué te contienes, podrás usar herramientas cognitivo-conductuales que te ayudarán a superar esas barreras psicológicas.

PERSONAS ALTAMENTE SENSIBLES

Algunas de las cualidades que se atribuyen con frecuencia a la introversión o a la ansiedad tienen más que ver, en realidad, con un concepto que en el ámbito de la psicología se conoce como *alta sensibilidad*.[2] Algunos de los rasgos que caracterizan a las personas altamente sensibles (PAS) incluyen tendencias a:

- Procesar las cosas en profundidad.
- Abrumarse con facilidad cuando tienen demasiadas cosas que hacer.
- Sentirse heridas en sus sentimientos con facilidad.
- Ser sensibles al estado de ánimo de los demás.
- Alterarse ante noticias negativas, incluso si conciernen a personas a las que no conocen mucho.
- Tener dificultades para ocultar sus verdaderos sentimientos, por ejemplo, cuando un tema no les interesa.
- Tener dificultades para filtrar determinado tipo de estímulos, por ejemplo, irritarse con facilidad por el ruido de fondo o por ropa de textura áspera.

Las personas que presentan varias de estas tendencias no necesariamente son ansiosas. Sin embargo, a menudo sienten ansiedad si se ven obligadas a permanecer en entornos que superan su capacidad para filtrar el exceso de estimulación. Por ejemplo, tuve una clienta cuyos síntomas se asemejaban a los de la depresión y la ansiedad. Esta persona, normalmente feliz, lloraba con frecuencia, tenía dificultades para concentrarse y estaba irritable todo el tiempo. Juntas nos dimos cuenta de que el problema había comenzado cuando su empresa la había trasladado a una oficina abierta. No podía filtrar todo el exceso de estimulación generado por ese cambio en su espacio de trabajo. Este es un ejemplo fantástico de cómo es necesario que comprendas tu naturaleza para poder entender tu ansiedad y tu estado de ánimo. Si crees que puedes ser una persona altamente sensible, te recomiendo, *El don de la sensibilidad: Las personas altamente sensibles*,[3] de la doctora Elaine Aron, además de este. Como con cualquier otro libro, quédate con lo que te resulte útil y obvia el resto.

ENFOQUE DE PREVENCIÓN *VERSUS* ENFOQUE DE PROMOCIÓN

La ansiedad se suele asociar con tener un enfoque de prevención,[4] es decir, centrarse en impedir que ocurran cosas negativas. Por el contrario, el enfoque de promoción se refiere a centrarse en las nuevas oportunidades o recompensas. Aunque la mayoría de las personas tienen un enfoque dominante, es posible tener un alto nivel de ambos tipos, lo que significa que, por naturaleza, una persona está muy preocupada tanto por evitar los errores y el daño como por buscar nuevas oportunidades. Esto puede dar lugar a una sensación constante de avance y retroceso, un tira y afloja constante entre las dos tendencias.

A veces, la asociación entre la ansiedad y el enfoque de prevención se extrapola y lleva a sugerir que las personas ansiosas encajan mejor en empleos y en profesiones en los que las prioridades principales son ser conservador y cuidadoso y mantener el *statu quo*. Mi experiencia trabajando con clientes me ha llevado a pensar que este tipo de profesiones pueden empeorar la situación para las personas ansiosas. Por ejemplo, los médicos han de ser muy meticulosos y cuidadosos. Se les insiste constantemente (y con toda la razón) en que no ser extremadamente cuidadoso puede tener consecuencias desastrosas. Sin embargo, para las personas que ya tienden a preocuparse por naturaleza, la insistencia en la necesidad de ser cuidadoso en todo momento puede agravar su tendencia natural a preocuparse demasiado y a hacer comprobaciones excesivas.

He visto que esto también les sucede a personas con otras profesiones en las que se valora mucho y se recompensa la atención al detalle, como el diseño gráfico. Estar en una carrera en la que se fomenta cuidar hasta el mínimo detalle puede hacer que esto se extienda a nuestra vida personal. Si estás en esta situación, la solución no está en cambiar de trabajo, sino en ser consciente de ello y en entender que los mismos principios que te ayudan a tener éxito en el trabajo no siempre serán los más indicados en otra situación.

BÚSQUEDA DE SENSACIONES

Si tienes tendencias ansiosas, pero te aburre la idea de estar en un trabajo en el que la prioridad sea evitar los errores, es posible que tengas una tendencia elevada a lo que denominamos *búsqueda de sensaciones*. Esto significa que disfrutas experimentando un factor de riesgo y anhelas la novedad. Si tienes un nivel alto tanto en búsqueda de sensaciones como en sensibilidad, es posible que tengas la sensación de estar en una cuerda floja constante y te debatas entre hacer cosas que te emocionan y el no quedar abrumado por toda la estimulación que conlleva la novedad.

Si todos estos términos te resultan algo confusos, es porque los investigadores que trabajan en distintas áreas de la psicología usan sus propios términos para describir conceptos que se solapan (aunque son distintos). No te preocupes por los matices. El mensaje básico es que hay personas que son ambiciosas, competitivas, que piensan a lo grande y buscan la novedad, y que, al mismo tiempo, cuentan con rasgos que las llevan a sobreestimularse con facilidad o a frenar de golpe cuando su instinto de cautela se activa. A quienes tienen estas tendencias aparentemente opuestas probablemente les resultará muy provechoso el material de este libro. Cuando tu naturaleza es un poco compleja, siempre viene bien contar con un manual de instrucciones.

PROCESAR EL CAMBIO

Uno de los rasgos fundamentales que diferencian a una persona de otra es la cantidad de energía emocional que necesita para procesar el cambio o la idea del cambio. Por ejemplo, hay personas a las que les resulta increíblemente irritante tener que enfrentarse a cambios de última hora en sus planes o tener que trabajar con personas distintas a las habituales. Las personas que necesitan tiempo y espacio psicológico para adaptarse al cambio no necesariamente tienen ansiedad. Sin embargo, tienden a desarrollarla si no se les concede, o no se conceden a sí mismas, el tiempo que necesitan para adaptarse o si no disponen de suficiente energía emocional de reserva para afrontar los pequeños cambios de planes.

¿Las personas que necesitan más energía para procesar el cambio son siempre rígidas e inadaptables? No. Pueden tener una gran capacidad de adaptación... si cuentan con el autoconocimiento que les permita gestionar el cambio de un modo adecuado a su naturaleza. Por lo general, funcionarán mejor si en su vida tienen hábitos, rutinas y relaciones que les aportan un nivel básico de estabilidad y de familiaridad. Puede ser algo tan sencillo como desayunar lo mismo cada día, mantener relaciones estables o instaurar rutinas concretas para el fin de semana. Contar con algunos elementos estables y conocidos en la vida cotidiana puede ayudar a estas personas a tolerar el cambio en otras áreas.

Cabe destacar que puede haber personas a quienes el cambio les resulte emocionante (es decir, buscadores de sensaciones), pero que lo encuentren, al mismo tiempo, psicológicamente agotador. ¡La naturaleza humana es complicada!

LA PERSONA ANSIOSA AMABLE Y LA PERSONA ANSIOSA ANTIPÁTICA

Antes he mencionado que las personas pueden ser amables o antipáticas. Ser amable o antipático se identifica con una de las dimensiones fundamentales de la personalidad.[5] Las personas ansiosas pueden, como cualquier otra persona, ser amables o antipáticas, y merece la pena saber si tendemos más hacia un polo o hacia el otro. Las personas amables tienden a dar prioridad a llevarse bien con los demás. Es posible que no estén dispuestas a levantar la mano cuando identifiquen problemas en las ideas o los planes de otros. Por el contrario, las personas antipáticas por naturaleza tienden a subestimar la importancia de llevarse bien con los demás y no invierten lo suficiente en establecer relaciones.[6]

Una vez que conozcas tus tendencias, las podrás tener en cuenta para modificar tus respuestas como creas conveniente. Por ejemplo, si eres una persona ansiosa y antipática, es posible que digas que no más veces de las que deberías. Al fin y al cabo, tu naturaleza te lleva a estar pendiente de las cosas que podrían salir mal. Mi madre suele describirnos a mi padrastro y a mí como a personas que «comienzan por el no y pueden pasar al sí.» Ella es muy amable, por lo que comienza automáticamente por el sí y casi nunca se pasa al no.

Si eres una persona ansiosa y amable, es posible que acabes comprometiéndote con demasiadas cosas porque sobrestimas las posibles consecuencias negativas de decir que no. En general, quizá te calles lo que quieres decir por la ansiedad que te genera pensar en cómo se te percibirá. Las habilidades que aprenderás en este libro te ayudarán a equilibrar el deseo de caer bien con otras prioridades, como la de gestionar tu agenda o expresar tu opinión.

Tanto si eres amable como antipático por naturaleza, puedes seguir siendo fiel a tu naturaleza, pero desarrollar la capacidad de salir de esa mentalidad cuando esté creando un prejuicio o causando problemas en tus relaciones.

METICULOSIDAD

No todas las personas ansiosas son meticulosas, pero, dado que estás leyendo un libro de autoayuda basado en la TCC, es muy probable que tengas un nivel moderadamente alto de meticulosidad, un rasgo de personalidad que se asocia a una ética profesional sólida y a un abordaje riguroso y ordenado de las tareas. Las personas con un nivel alto de meticulosidad acostumbran a obtener resultados magníficos cuando aprenden principios y habilidades cognitivo-conductuales. ¿Por qué? Porque tienden a sentirse muy cómodas con la sistematicidad del enfoque cognitivo-conductual. Les va bien porque se esfuerzan en entenderse y son diligentes a la hora de aplicar el aprendizaje a su vida cotidiana. A veces, las personas ansiosas subestiman lo meticulosas que son, por lo que asegúrate de que te concedes el reconocimiento que mereces por tu meticulosidad.

Es muy importante entender la diferencia entre meticulosidad y perfeccionismo. Por ejemplo, los perfeccionistas pueden pasar tanto tiempo intentando hacer algo «perfecto» que no les queda fuerza de voluntad para acometer otras tareas importantes. El perfeccionismo y la meticulosidad tienden a producir resultados opuestos. Por ejemplo, el perfeccionismo se asoció a un aumento del riesgo de mortalidad en un estudio sobre adultos mayores, mientras que la meticulosidad se asoció a un menor riesgo.[7] ¡Reducir el perfeccionismo al tiempo que mantienes la meticulosidad ofrece muchísimas ventajas!

Muchas de las herramientas que aprenderás en el libro te ayudarán a bajar la intensidad de los tipos contraproducentes de perfeccionismo. De hecho, he dedicado todo un capítulo (el capítulo 6) a este tema. De momento, los dos ejercicios que siguen te ayudarán a distinguir entre los tipos útiles y no útiles de precaución y cautela y te enseñarán cómo se asocian a la ansiedad.

Tipos útiles de precaución y cautela

Ahora te presentaré algunos ejemplos de cómo la ansiedad puede propiciar tipos útiles de precaución y cautela. Si entiendes que la función adaptativa de la ansiedad es alertarte del peligro, te será más fácil aceptar que la predisposición a la ansiedad incluso podría beneficiarte si la canalizas adecuadamente.

Experimento. En la tabla siguiente, encontrarás el principio general en la columna de la izquierda y mis ejemplos en la de la derecha. A lo largo del libro, compartiré de vez en cuando ejemplos de mi propia vida, para mantener el realismo y evitar romper la confidencialidad con mis clientes si comparto ejemplos demasiado específicos.

Intenta encontrar tus propios ejemplos cuando te identifiques con algún principio. Hay personas que se quedan en blanco cuando se les piden ejemplos. Si es tu caso, no te preocupes. Lee los míos y ya está.

Ejemplos de tendencia a la ansiedad	Ejemplos de meticulosidad, precaución y cautela productivas
Cuando hago planes, pienso en lo que podría salir mal. Siempre tengo un plan B... y C y D.	• Cuando viajo al extranjero, siempre llevo una tarjeta de crédito de repuesto por si la principal no funcionara por algún motivo.
Cuando parece probable que algo salga mal, tomo las precauciones necesarias para minimizar los posibles daños.	• Guardo los recibos de todo lo que compro por si lo tuviera que devolver. • Si un agente de atención al cliente me dice algo por teléfono y me preocupa que me haya dado información errónea, le pido que registre en mi expediente y por escrito lo que me ha dicho y que me lo lea en voz alta. También le pido su número de identificación.
Soy muy exhaustivo en mis investigaciones.	• No soy el tipo de persona que descubre que es la estación de los monzones cuando llega al destino de sus vacaciones en la playa.
La ansiedad por quedar bien ante los demás hace que sea muy educado y que me prepare muy bien.	• Acostumbro a apuntar ideas o preguntas antes de llegar a una reunión. • Cuando me reúno con alguien, tomo notas para que mi interlocutor se dé cuenta de que valoro lo que dice.
Hago las cosas con cuidado.	• Tengo rutinas y procedimientos para hacer las cosas, para no perder las llaves o dejarme el fogón encendido.

Ejemplos de tendencia a la ansiedad	Ejemplos de meticulosidad, precaución y cautela productivas
Me lo pienso mucho antes de tomar decisiones.	• Cuando necesito comprar algo, antes de ir a la tienda investigo por internet. De hecho, me gusta hacerlo. Me ahorra tiempo porque evito las devoluciones de las compras compulsivas.
Como siempre busco los posibles problemas, es menos probable que se aprovechen de mí.	• Cuando sé que tendré que usar un taxi en otro país, averiguo primero cuánto me debería costar el trayecto.

Tipos contraproducentes de precaución y cautela

Las mismas tendencias a la precaución y a la cautela que nos pueden ayudar en algunas situaciones pueden resultar paralizantes en otras: dejamos pasar oportunidades o nos quedamos atascados en minucias mientras desatendemos cuestiones más importantes. Una tendencia muy cautelosa también puede impedir que forjemos relaciones, ya sean de amistad, románticas, empresariales o profesionales. Establecer cualquier tipo de relación íntima siempre nos sitúa en una posición de cierta vulnerabilidad. Por lo tanto, hay casos en que los instintos de autoprotección basados en la ansiedad acaban haciendo que nos sintamos aislados y solos. A veces, las personas ansiosas evitan a toda costa sentirse vulnerables, incluso si eso significa sentirse solas o si el aislamiento de sus compañeros interfiere con su éxito profesional.

Experimento. La lista de principios de la tabla siguiente es la misma que en el experimento anterior. Sin embargo, esta vez he incluido ejemplos de cómo esas mismas tendencias se pueden volver contraproducentes. Aunque consigo evitar caer en estas trampas la mayoría de las veces, aún caigo en ellas en alguna ocasión. Si te identificas con algún principio, piensa o escribe algunos ejemplos propios. También te puedes limitar a marcar las casillas de la derecha, cuando corresponda, para indicar «Ese soy yo».

Ejemplos de tendencia a la ansiedad	Ejemplos de meticulosidad, precaución y cautela contraproducentes
Cuando hago planes, pienso en lo que podría salir mal. Siempre tengo un plan B... y C y D.	• A veces evito probar cosas por si algo sale mal.
Cuando parece probable que algo salga mal, tomo las precauciones necesarias para minimizar los posibles daños.	• A veces paso tanto tiempo intentando evitar que las cosas salgan mal en áreas poco importantes que me quedo sin tiempo y sin fuerza de voluntad para lo que sí importa.
Soy muy exhaustivo en mis investigaciones.	• A veces me quedo atascado en el modo de investigación durante largos periodos de tiempo.
La ansiedad por quedar bien ante los demás hace que sea muy educado y que me prepare muy bien.	• A veces estoy tan ansioso por cómo me perciben los demás que intento controlar la percepción que tienen de mí. Actúo de forma controladora o acabo reproduciendo mentalmente una y otra vez las conversaciones, preguntándome si he dicho o no lo correcto.

Ejemplos de tendencia a la ansiedad	Ejemplos de meticulosidad, precaución y cautela contraproducentes
	• A veces la ansiedad por cómo me perciben los demás hace que llegue a la conclusión de que no les caigo bien, cuando no es cierto. Como percibo que me juzgan negativamente, actúo de un modo más retraído y menos amistoso, por lo que a veces provoco una profecía autocumplida.
Hago las cosas con cuidado.	• A veces dedico un tiempo absurdamente excesivo a las tareas. • A veces reviso demasiado algunas cosas e ignoro otras tareas que, objetivamente, son más prioritarias.
Me lo pienso mucho antes de tomar decisiones.	• A veces me paso horas dándole vueltas a una decisión de cien dólares cuando hubiera podido invertir ese mismo tiempo en algo que hubiera generado el doble o el triple de ingresos.
Como siempre busco los posibles problemas, es menos probable que se aprovechen de mí.	• A veces desconfío demasiado de los demás, hasta el punto de evitar las colaboraciones.
Modera tu estilo de pensamiento y tus conductas	• Los rasgos fuertes de la personalidad a veces te pueden ofrecer una enorme ventaja competitiva sobre otras personas, pueden ayudarte a conseguir lo que para otros es imposible. Sin embargo, la clave reside en moderar esos rasgos de personalidad para que

Ejemplos de tendencia a la ansiedad	Ejemplos de meticulosidad, precaución y cautela contraproducentes
Modera tu estilo de pensamiento y tus conductas	no te dominen. Por ejemplo, ser extremadamente persistente (como suelen ser las personas ansiosas orientadas al éxito) puede suponer una gran ventaja. Sin embargo, si eres muy persistente, pero no lo puedes moderar, puede resultarte difícil darte un respiro cuando lo necesites. Es posible que te cueste dar un paso atrás cuando te veas atascado en una tarea y no llegues a ningún sitio o si te enredas en una discusión acalorada que no lleva a nada y que se enciende cada vez más. Cuanto más extremo sea el rasgo, más probable será que se convierta en un arma de doble filo: unas veces será útil y otras, no. Hasta ahora, hemos trabajado para que desarrolles una comprensión más matizada de tus patrones. A medida que avances en el libro, aprenderás cómo moderar los patrones menos útiles que vayas identificando al tiempo que conservas los elementos que te resultan útiles y que te ayudan a sentir que sigues siendo fiel a tu naturaleza.

CAPÍTULO 3

TUS OBJETIVOS

Uno de los motivos por los que la ansiedad severa nos arrastra a su torbellino es que, con frecuencia, evitar la ansiedad se convierte en nuestro principal objetivo. Y, cuanto más lo hacemos, más ansiosos nos sentimos. Cuando nos centramos excesivamente en la ansiedad durante un período de tiempo prolongado, tendemos a perder la confianza en nuestra capacidad para ser cualquier cosa que no sea una madeja andante de preocupación y rumiación. Este capítulo te ayudará a conectar con objetivos no asociados a la ansiedad, de modo que tengas algo hacia lo que puedas avanzar al tiempo que te alejas de la ansiedad excesiva.

Completa el siguiente test para ver si este capítulo guarda relación contigo. Elige las respuestas que mejor se ajusten a ti. Si ninguna de ellas coincide con exactitud, selecciona la que más se aproxime.

1. **¿Alguna vez te ha preocupado ser débil o haber perdido la cabeza porque la ansiedad se ha descontrolado?**
   a. Ninguna de las dos cosas.
   b. Una de las dos cosas.
   c. ¿Cómo lo sabes? Las dos cosas.

2. **¿Alguna vez te has descubierto estando demasiado pendiente de tus síntomas de ansiedad?**

   a. No.

   b. Casi nunca.

   c. Sí. Controlo mi ansiedad como si fuera el parte meteorológico.

3. **¿Evitas trabajar para conseguir algunos de tus objetivos o sueños debido a la ansiedad que te produce?**

   a. No. Aunque la ansiedad es desagradable, conseguir mis objetivos y mis sueños compensa tener que tolerar la ansiedad que pueda sentir por el camino.

   b. Hay algunos objetivos o sueños que no persigo debido a la ansiedad, aunque me gustaría hacerlo.

   c. Cuando leo la revista O, *The Oprah Magazine* en la cola del supermercado y veo que hablan de «cómo vivir tu mejor vida», se me cae el alma a los pies, porque sé que yo no estoy viviendo la mía.

4. **¿Te resulta fácil o difícil identificar objetivos personales que pueden parecer insignificantes para otros pero que son muy importantes para ti?**

   a. Tengo una idea bastante clara de quién soy y de cuáles son mis intereses. Me resulta fácil pensar en objetivos y sueños que lo reflejen.

   b. Se me ocurren algunos objetivos algo particulares, pero me da demasiada vergüenza o me siento demasiado inseguro de mí mismo para hacer nada al respecto.

c. Siento que no sé quién soy en realidad. Esto hace que me resulte difícil identificar cuáles son mis objetivos y sueños únicos.

5. **¿Tu autoestima procede de varias facetas de tu vida o se concentra en una o dos (por ejemplo, tu imagen, tu éxito profesional o tu papel de padre o madre)?**

a. Mi autoestima procede de varias facetas: todo, desde el hecho de que reciclo a que mis amigos siempre quieren repetir cuando les sirvo mi curri *massaman*.

b. Más del 85 % de mi autoestima procede de solo dos facetas.

c. Más del 85 % de mi autoestima procede de una sola faceta.

6. **¿Puedes tolerar la sensación de vulnerabilidad?**

a. Sí, hago cosas importantes para mí, aunque eso suponga tener que tolerar una sensación de debilidad.

b. Me cuesta tolerar sentirme vulnerable e intento evitar las situaciones que lo provocan.

c. Solo oír la palabra *vulnerable* hace que quiera correr en dirección contraria. Eliminar el estrés y otras emociones desagradables es mi objetivo principal.

A continuación, tienes la interpretación de los resultados.

Mayoría de A
Aunque la ansiedad forma parte de tu vida, no permites que te desvíe de tus objetivos y de tus sueños. Te conoces bien y tus objetivos son como un espejo que refleja tu esencia. Sabes que trabajar para conseguir cosas que aportan sentido a tu vida exige sentir cierta ansiedad, pero crees en tu capacidad para tolerarla. Tu autoestima está diversificada, no depende de una sola faceta de tu vida. Esta diversificación te proporciona un amortiguador psicológico cuando las cosas no van como te gustaría en algún aspecto de tu vida. Probablemente avances con rapidez por este capítulo.

Mayoría de B
Has perdido la confianza en tu propia capacidad para perseguir algunos de tus objetivos y sueños, pero no hasta el punto de dejarlos aparcados. Este capítulo te ayudará a entender los mecanismos psicológicos que llevan a que la vida se encoja a medida que la ansiedad crece. También aprenderás a darle la vuelta a este patrón.

Mayoría de C
Evitar la ansiedad se ha convertido en uno de tus objetivos principales, hasta el punto de que otros objetivos han quedado en un segundo plano. Has perdido la confianza en ti mismo y es probable que tengas la sensación de que la ansiedad lleva el timón de tu vida. Este capítulo te ayudará a entender los procesos psicológicos que hacen que la ansie-

dad se descontrole y cómo puedes volver a conectar con tus objetivos y tus sueños más allá del objetivo de reducir la ansiedad.

Cuanto más tiempo y energía invertimos en gestionar la ansiedad, más oxígeno arrebatamos al resto de nuestra vida. En este capítulo, te explicaré por qué, al concentrarte en la ansiedad, solo consigues que aumente. Luego, aprenderás que para reducir la ansiedad es necesario descubrir, o redescubrir, objetivos más importantes para ti que evitar la ansiedad. Y te enseñaré cómo volver a conectar con tus objetivos y aumentar tu resiliencia.

Veamos cuáles son los mecanismos del efecto bola de nieve en la ansiedad.

INTENTAR ELIMINAR LA ANSIEDAD PUEDE CAUSAR MÁS ANSIEDAD

Cuando la ansiedad se convierte en un problema importante para alguien, suele ser porque la persona ha quedado atrapada en un ciclo que se autoperpetúa en el que las cosas que hace para reducir la ansiedad a corto plazo la multiplican a largo plazo. Permíteme que te explique cómo y por qué sucede eso.

Imaginemos a alguien que sufre ataques de pánico. Como son tan desagradables, es lógico que esa persona decida evitar las situaciones que podrían desencadenar uno. Así, puede empezar a evitar algunas situaciones, como hablar en público o ir al centro comercial en fin de semana. Paradójicamente, cuanto más evita ciertas situaciones, más aumenta su ansiedad por sufrir otro ataque de pánico. Y cada vez son más las situaciones que le provocan ansiedad. Así que empieza a evitar cada vez más cosas. El problema se convierte en una bola de nieve. Evitar situaciones debido a la ansiedad recibe el nombre de *afrontamiento evitativo*. Es uno de los principales mecanismos que llevan al aumento y a la persistencia de la ansiedad, y un tema al que volveremos repetidamente, sobre todo en el capítulo 8, dedicado a cómo superar la evitación.

Veamos otro ejemplo: las personas con trastornos alimentarios temen engordar, por lo que eliminan cada vez más alimentos de su dieta. Quizá empiecen evitando la mantequilla. Esto las ayuda a sentirse mejor por un tiempo, pero pronto aparecerán otros tipos de alimentos que empezarán a provocarles ansiedad por si las hacen engordar. Y también comenzarán a evitarlos. El ciclo continúa y pueden acabar comiendo solo tortitas de arroz y tallos de apio. Cuantos más alimentos evitan, más se agrava su ansiedad asociada a la comida. Cuando llegan al punto en que comer un plato normal les resulta aterrador, suelen empezar a pensar que se están volviendo locas. (Sí, incluso las personas con trastornos de la alimentación severos saben que estar más preocupadas por el contenido en grasa de un aguacate que por el calentamiento global no es lo más habitual.)

«Oye, Alice. ¿Esto no era un libro sobre ansiedad? ¿Por qué sacas a relucir los trastornos alimentarios?» Me alegro de que me lo preguntes. Menciono los trastornos alimentarios para demostrar que problemas comunes de salud mental y que aparentemente son muy distintos entre ellos —e incluso aquellos que no se clasifican necesariamente como problemas de ansiedad, como los trastornos alimentarios o la depresión— comparten con frecuencia mecanismos psicológicos subyacentes similares. Este es uno de los motivos por los que puedo decir con seguridad que los consejos de este libro serán útiles a personas con una amplia variedad de problemas relacionados con la ansiedad.

Veamos un ejemplo menos grave: Bridget se siente ansiosa porque se le ha estropeado el ordenador y tiene que enviar un correo electrónico a su contable, así que le pide a su pareja, Steve, que lo haga por ella. Cuanto más recurramos a nuestros seres queridos para que hagan cosas por nosotros cuando estamos ansiosos, más probable es que la ansiedad aumente. Con el tiempo, nos sentiremos cada vez menos competentes. Dudaremos cada vez más de nuestra capacidad para afrontar situaciones que nos provocan ansiedad. Cada vez habrá más situaciones que nos lleven a dudar de nosotros mismos. Las relaciones personales se resienten.

Es muy habitual que las personas con ansiedad desarrollen rutinas o rituales para intentar controlarla. Pueden ser desde «alimentos prohibidos» hasta ir solo a determinados lugares, hacer ciertas actividades solo con otra persona o lavarse las manos durante un mínimo de segundos. De nuevo, estas rutinas ayudan a aliviar la ansiedad a corto plazo, pero la aumentan a largo plazo y merman la confianza en uno mismo. La buena noticia es que las estrategias cognitivo-conductuales son muy efectivas para evitar que la ansiedad se descontrole y para revertir este proceso una vez que se ha iniciado.

ETIQUETARSE A UNO MISMO COMO LOCO O DÉBIL

Es habitual que las personas que sufren de ansiedad severa pasen de verse como personas «normales», o al menos «normalillas», a preguntarse si están locas. Si la ansiedad te ha llevado a este punto, no desfallezcas. Es lo que sucede cuando quedamos atrapados en el círculo vicioso de la ansiedad: evitas la cosas que hacen que te sientas ansioso, pero, en general, acabas más ansioso. Cuando dejes de hacer las cosas que provocan que tu ansiedad aumente (este libro te ayudará a conseguirlo), empezarás a sentir que recuperas el control sobre tu mente.

Cuando la ansiedad es menos grave, puede que no nos preguntemos si nos estamos volviendo locos, pero a menudo sentiremos que nuestra ansiedad nos está frenando. Si no avanzamos en nuestros objetivos tanto como quisiéramos, nos preguntamos si será porque somos personas débiles o incompetentes. Hay personas que creen que la ansiedad las convierte en personas defectuosas y no merecedoras de amor. Se preguntan si alguna vez lograrán tener relaciones satisfactorias con otras personas o si están destinadas a una vida de rechazo y soledad.

CONTROL EXCESIVO

El afrontamiento evitativo es uno de los patrones conductuales que llevan a que la ansiedad crezca como una mala hierba; otro es el control excesivo de sus síntomas. ¿Alguna vez has tenido dificultades para conciliar el sueño? Acabas mirando el despertador y contando los minutos que llevas dando vueltas en la cama. «¡Llevo cuarenta minutos intentando dormirme!». Entonces, pasa otra hora y piensas: «Ya son las dos de la madrugada. Solo me quedan cinco horas antes de que me tenga que levantar para ir al trabajo». Cuantos más minutos pasan, más te estresas. Al día siguiente, cada vez que bostezas, te embarga la preocupación por si esa noche tampoco podrás dormir. Luego, cuando al fin te metes en la cama, tu ansiedad por conciliar el sueño se convierte en una profecía autocumplida.[1] ¿Te suena? Es el patrón natural que se produce cuando controlamos algo en exceso.

Lo mismo sucede con los síntomas de ansiedad. Cuanto más intentamos controlar sus síntomas, más nos estresan. Con frecuencia, las personas que convierten la reducción de la ansiedad en su objetivo principal comprueban repetidamente cómo de ansiosas se sienten en un momento dado y qué situaciones ansiógenas tienen a la vista. Por ejemplo, en cuanto se despiertan por la mañana, pueden preguntarse: «¿Cómo de ansioso me siento hoy?». Por lo general, esto solo consigue intensificarla.

¿Alguna vez has estado en una situación en la que centrarte en tus síntomas de ansiedad ha hecho que se intensifiquen?

Hay quien cree que tiene que reducir su ansiedad antes de empezar a pensar en otros objetivos. Sin embargo, es justo al contrario, porque prestar demasiada atención a la ansiedad no es útil en absoluto. Primero debes tener claros tus objetivos y, luego, pensar en qué puedes hacer para conseguirlos sin que la ansiedad te desvíe del camino. Veamos ahora cómo puedes hacer precisamente eso.

REDESCUBRE TUS OBJETIVOS

Este apartado te ayudará a conectar con tus objetivos más profundos e importantes. Tus objetivos no tienen por qué ser del tipo «hacerme tan rico que me pueda codear con celebridades». Tampoco necesitan el sello de aprobación de nadie que no esté directamente implicado en ellos. Lo que sí han de ser es importantes para ti.

Encuentra objetivos por los que merezca la pena tolerar la ansiedad

Si sufres de ansiedad severa, es posible que esta haya dado lugar a un vacío de objetivos en tu vida. Quizá parezca que tus problemas de ansiedad lo consumen todo y te impiden centrarte en nada más. Es comprensible. Sin embargo, es imprescindible que identifiques tus objetivos, porque superar la ansiedad exige avanzar hacia algo y no solo alejarte del malestar. Tienes que descubrir objetivos que te motiven de verdad y por los que sientas que merece la pena tolerar la ansiedad que te producen. La búsqueda y la identificación de esos objetivos es un proceso muy personal.

Experimento. Piensa en algo que te provoque más anhelo que temor. Tu ejemplo podría ser cualquier cosa, desde comprar una propiedad como inversión a empezar a correr (a veces, las personas con ansiedad evitan la actividad física vigorosa porque sus sensaciones se asemejan a los síntomas físicos de la ansiedad). Si ahora no se te ocurre nada, es posible que el resto del capítulo te inspire, pero también puede ser que necesites dejar la pregunta en reposo durante unos días.

No es necesario que los objetivos sean colosales para que sean importantes para ti

Muchas veces, cuando leo libros sobre empresa y éxito, tengo cierta sensación de inferioridad porque da la impresión de que se dirigen a personas que apuntan a la luna. No deberíamos asumir que todos queremos ser el consejero delegado de una multinacional o que tenemos objetivos ambiciosos de esa envergadura y que solo nos hace falta un poco más de seguridad y de confianza en nosotros mismos. Quizá no sientas el menor deseo de volar en primera clase o de tener empleados. Tu objetivo puede ser tomarte un año sabático para viajar, convertirte en crítico de televisión para un sitio web, comenzar un pódcast, escribir un libro de ensayos, ir a la Comic Con o iniciar un voluntariado significativo para ti. No temas plantearte objetivos muy personales, por raros (o convencionales) que te parezcan.

Cuando pienses en objetivos, recuerda que los objetivos ambiciosos no son «mejores» que los objetivos más modestos. Muchas personas preferirían visitar treinta países que doscientos a lo largo de su vida. Muchas personas preferirían dirigir una pequeña o mediana empresa que una multinacional. Muchas personas preferirían tener una casa pequeña que una mansión tres veces más grande de lo que necesitan.

Es posible que aún no tengas ningún plan para hacer realidad tus objetivos, pero eso no significa que no puedas planteártelos ya. Por ejemplo, uno de mis objetivos personales era visitar Google. No para trabajar allí ni para descubrir cómo fundar una empresa de tanto éxito como Google, sino solo por visitarlo. No era algo que pensara que pudiera hacer pronto, pero era mi objetivo. Y me llegó la oportunidad cuando un amigo, el doctor Guy Winch, mencionó que iba a presentar un libro en el campus de Google en Nueva York.[2] En ese momento, tuve que decidir si atreverme o no a preguntarle si le podía acompañar. O hablaba o cedía ante la ansiedad que me generaba que Guy pudiera pensar que mi petición era rara o inoportuna. ¿Qué pasó? Pasó que mi deseo de ir se impuso a la ansiedad que me producía pedirlo. Guy respondió que estaría encantado de que lo acompañara. Y sí, la experiencia cumplió todas mis expectativas.

A menudo me sorprende la cantidad de objetivos extravagantes que he logrado. Por ejemplo, una vez fui a Starbucks con mi actriz favorita de Broadway. ¿Cómo? Porque en un momento fan extremo la invité y me dijo que sí. Aún me avergüenza habérselo pedido, pero lo cierto es que fue uno de los mejores momentos de mi vida, a pesar de la vergüenza. Si alguno de tus objetivos te avergüenza porque te parece demasiado raro, no te preocupes.

Experimento. ¿Qué objetivo idiosincrático es importante para ti? El propósito, en este caso, es simplemente que reconozcas el objetivo ante ti mismo.

Sé consciente de cuándo limitas tus objetivos debido a la ansiedad

Como acabo de decir, los objetivos pequeños son tan válidos como los grandes. Sin embargo, hay algunos casos en los que la ansiedad hace que las personas limiten sus objetivos. Y es importante ser consciente de cuándo sucede esto. Las personas con autoestima inestable pueden evitar fijarse objetivos ambiciosos porque les preocupa que los demás los vean demasiado orgullosos o seguros de sí mismos. Sin embargo, fijarse objetivos menos ambiciosos puede ser contraproducente. Por ejemplo, las personas que evitan pensar a lo grande pueden acabar trabajando de manera ineficaz o ineficiente porque no se centran tanto en desarrollar sistemas escalables como lo harían si pensaran a lo grande.

A veces nos fijamos objetivos más bajos porque «tememos el éxito». Cuando se habla de miedo al éxito, se está hablando de la ansiedad anticipatoria asociada a lo que prevemos que el éxito traerá consigo. Puedes confrontar y resolver este miedo, pero antes tienes que identificar qué es lo que te hace estar ansioso en realidad.

Experimento. ¿Hay objetivos que te interesan, pero la ansiedad hace que elijas objetivos más pequeños de lo que serían si las circunstancias fueran otras? ¿Puedes identificar específicamente qué es lo que te preocupa? Por ejemplo, quizá temas que el éxito signifique una bandeja de entrada a rebosar y más compromisos sociales. Es posible que te preocupe no disponer del tiempo a solas que necesitas para estar en equilibrio. ¿Cómo podrías resolver ese miedo? Por ejemplo, si un mayor éxito implicara recibir mucho más correo, ¿qué podrías hacer para gestionarlo?

¿Qué objetivos más ambiciosos te plantearías si no temieras al éxito?

Exponte a las oportunidades

Cumplir los sueños personales no siempre es resultado de la búsqueda incesante de objetivos. A veces los sueños se alcanzan, simplemente, exponiéndose a la vida. Si limitas tu forma de vivir la vida por culpa de la ansiedad, perderás oportunidades inesperadas de conseguir tus objetivos. Un ejemplo: una amiga mía tenía el objetivo de conocer al escritor Malcolm Gladwell. Ocupaba una de las primeras posiciones en la lista de las personas que quería conocer. Un día, cuando estaba en Nueva York de visita desde Nueva Zelanda, entró en una cafetería y se lo encontró en la mesa de enfrente. Fue una casualidad increíble, pero jamás hubiera sucedido si se hubiera quedado en casa, en Nueva Zelanda, en lugar de viajar al West Village neoyorquino.

Experimento. ¿Alguna vez has logrado un objetivo o has hecho realidad un sueño porque estabas en el lugar adecuado en el momento justo? ¿Te has dado cuenta de que te expones menos a estas oportunidades cuando te centras en la ansiedad?

Acepta quién eres

Tal y como hemos comentado en el capítulo anterior, tu nivel de búsqueda de sensaciones es un rasgo biológico e incorporado en nuestra personalidad. Si solo tienes un puñado de objetivos, quizá sea porque tu preferencia por la novedad y las experiencias intensas se ubica en el extremo inferior del espectro, no porque no tengas objetivos. Si, por el contrario, piensas constantemente en objetivos nuevos, tampoco hay nada de malo en ello. Sugiere que estás programado con una necesidad elevada de novedad y de emoción.

FÍJATE OBJETIVOS QUE DESARROLLEN LA RESILIENCIA

Desarrollar la resiliencia es una forma de evitar que la ansiedad te haga descarrilar. La resiliencia se refiere a las fortalezas y a los recursos de que disponemos para afrontar el estrés y los desafíos. Todas las habilidades que aprenderás en este libro te ayudarán a desarrollar tu resiliencia.

A continuación, te explicaré dos maneras de aumentar tu resiliencia relacionadas con el tipo de objetivos que se eligen.

Busca el sentido, no la felicidad

Sentirse feliz es reconfortante. Hace que nos sintamos bien. Sin embargo, aunque pueda parecer contradictorio, centrarnos directamente en la búsqueda de la felicidad no siempre es la mejor manera de aumentarla, del mismo modo que vimos que centrarnos en reducir la ansiedad no siempre es la mejor manera de que disminuya.

¿Cuál es la alternativa a centrarnos en la búsqueda de felicidad? La búsqueda de sentido es una idea mejor. No sugiero necesariamente que te conviertas en la madre Teresa de Calcuta. Lo que dé sentido a tu vida puede ser cualquier cosa, desde cocinar para tus amigos a completar proyectos de bricolaje.

Buscar el sentido en lugar de la felicidad te ayudará a estar más sereno cuando no seas feliz en algún momento dado y suavizará los baches emocionales que acompañan a los errores, los fracasos y las decepciones. Hay estudios que demuestran que el estrés tiende a ser perjudicial solo si se cree que es dañino y que uno carece de habilidades para afrontarlo.[3] Te será más fácil creer en tu capacidad para lidiar con el estrés si este forma parte del panorama general de la construcción de una vida con sentido.

Experimento. ¿Qué hace que la vida tenga sentido desde tu punto de vista? Olvídate de lo que crees que deberías responder e identifica lo que es realmente cierto para ti.

Diversifica tus fuentes de autoestima

Diversificar las fuentes de autoestima es otra manera de aumentar tu resiliencia. Del mismo modo que invertir todo tu dinero en las acciones de una misma empresa es arriesgado desde el punto de vista financiero, poner todos los huevos de tu autoestima en una misma cesta es arriesgado desde el punto de vista psicológico. Si tu autoestima depende casi totalmente de tus logros profesionales, de tener un vientre plano o del atractivo de tu pareja, corres un riesgo mayor de desestabilizarte psicológicamente si tu carrera se detiene, engordas o tu pareja te abandona. Te sentirás menos ansioso si tu autoestima no depende excesivamente de solo uno o dos ámbitos.

Experimento. La autoestima se compone de: 1) la sensación de valía personal, y 2) de la sensación de ser competente en algunas cosas.[4] Por ejemplo, las fuentes de valía personal pueden ser el querer y ser querido por otros, la capacidad de lograr que otros se sientan cómodos y en paz o las aportaciones positivas que haces a la sociedad, tu ámbito profesional o tu comunidad. Por su parte, la sensación de competencia puede proceder de tu habilidad informática, de tu capacidad para preparar una cena para diez personas o de poder pagar todas las facturas a tiempo. Intenta encontrar tres fuentes de valía personal y tres cosas en las que seas competente. Trata de identificar los ámbitos en los que tiendes a subestimarte.

TUS OBJETIVOS SERÁN TU BRÚJULA

Ahora que has trabajado este capítulo, ¿en qué objetivos de tu lista tienes claro que pesa más tu deseo de conseguirlos que el temor que te suscitan? ¿Qué estás dispuesto a perseguir incluso si te produce ansiedad o si te hace sentir emocionalmente vulnerable? Los objetivos que hayas identificado en este capítulo serán tu brújula durante el resto del libro. Te darán sensación de dirección a medida que avances por los capítulos siguientes. Conforme vayas leyendo, recuerda que intentas alcanzar objetivos que tienen sentido para ti, que son valiosos para ti a un nivel emocional profundo, aunque el proceso de ir a por ellos provoque que la ansiedad aflore. Ahora que hemos establecido una base y una dirección, abordaremos trampas de ansiedad específicas. Para empezar: la vacilación excesiva a la hora de pasar del pensamiento a la acción.

PARTE 2

TU CAJA DE HERRAMIENTAS PARA COMBATIR LA ANSIEDAD: SUPERA TUS BLOQUEOS

CAPÍTULO 4

DUDAS

Cómo dejar de reprimirte de hacer lo que quieres hacer

Muchas personas con ansiedad se quedan atascadas en el pensamiento incluso cuando quieren hacer algo de verdad. Esto no es lo mismo que posponer las cosas que no quieres hacer, que veremos en el capítulo 8. Este capítulo te ayudará a pasar de la contemplación a la acción con más facilidad.

Completa el siguiente test para ver si este capítulo guarda relación contigo. Elige las respuestas que mejor se ajusten a ti. Si ninguna de ellas coincide con exactitud, selecciona la que más se aproxime.

1. **Cuando lees un libro de desarrollo personal o profesional y te parece útil, ¿con cuánta frecuencia implementas al menos una de las estrategias que lees?**
   a. Siempre o casi siempre (al menos un 75 % de las veces).
   b. Entre un 50 y un 75 % de las veces.
   c. Mi colección de libros de autoayuda es principalmente decorativa. Menos de un 50 % de las veces.
   d. No leo libros (ni blogs) de desarrollo personal o profesional.

2. **La última vez que probaste algo nuevo, ¿cuánto tiempo te lo estuviste pensando antes de hacerlo?**
   a. Menos de unas semanas. Lo pensé el tiempo suficiente para asegurarme de que la idea tenía sentido, pero a partir de entonces no demoré más pasar a la acción.
   b. Entre unas semanas y unos meses.
   c. Más de unos meses.
   d. No me detengo antes de pasar a la acción. Soy de esas personas que saltan a la piscina sin mirar antes.

3. **¿Qué sueles hacer cuando se te presenta una oportunidad atractiva?**
   a. Pienso: «Tengo habilidades similares a las de otras personas que ya están teniendo éxito en este campo, lo que me parece una señal fantástica de que yo también puedo tenerlo».
   b. Una mezcla de A y C.
   c. Creo obstáculos artificiales que me impiden pasar a la acción. Por ejemplo, leo las mentes y pienso cosas como: «Seguro que ya tienen pensado a quién van a seleccionar», sin saber si eso es cierto o no.
   d. Ya te lo he dicho, soy de quienes saltan a la piscina sin mirar antes.

4. **¿Cuál es tu proporción de éxitos y fracasos?**
   a. Entre un 50 y un 70 % de lo que intento son éxitos.

b. Entre un 71 y un 99% de lo que intento son éxitos.

c. Un 100% de lo que intento son éxitos.

d. Menos de un 50% de lo que intento son éxitos.

5. **¿Cómo te sientes cuando piensas en las cosas que has intentado y que no te han salido bien?**

a. Bien. Me centro en conseguir un dominio suficiente en ámbitos importantes más que en lograr siempre la perfección. Cuando fracaso, aprendo. Mi autoestima puede asumir el golpe.

b. Siento vergüenza y le doy vueltas a por qué no pude hacer las cosas tan bien como quería.

c. Dudo de mi capacidad para tener éxito alguna vez.

d. Culpo a los demás.

6. **De las siguientes seis cosas, ¿cuántas haces?**

• Tiendo a procrastinar, incluso cuando se trata de actividades que me gustan.

• Evito algunas actividades importantes.

• Hago comprobaciones excesivas.

• Pongo muy nerviosos a los demás porque busco constantemente su aprobación.

• Me comprometo parcialmente a probar cosas.

• Busco información incesantemente.

a. Ninguna.

b. Una o dos.

c. Entre tres y seis.

d. Soy lo contrario de la persona que se describe ahí.

A continuación, tienes la interpretación de los resultados.

Mayoría de A:
Estás dispuesto a poner en práctica tus ideas sin largos periodos de vacilación. Tienes una proporción moderada de fracasos, lo que indica que estás dispuesto a aprender haciendo, que es una de las maneras mejores y más rápidas de aprender. Probablemente, pasarás por este capítulo con rapidez.

Mayoría de B:
Aunque no estás atascado permanentemente en la inacción, tiendes a dudar más de lo que sería ideal. Es posible que tengas más capacidad para el éxito de lo que crees, siempre que aprendas a poner en práctica tus buenas ideas sin esperar tanto. Las estrategias que encontrarás en este capítulo te ayudarán a darte cuenta de cuándo puedes actuar con más rapidez de lo que acostumbras sin mayor inconveniente. Es muy probable que entender mejor tus procesos de pensamiento en torno a la adopción de medidas y la toma de decisiones te resulte especialmente útil, algo que este capítulo te ayudará a hacer.

Mayoría de C:
Si has obtenido una mayoría de C, este capítulo es ideal para ti. Tienes miedo al fracaso. Es probable que tengas intolerancia a la incertidumbre, un rasgo de ansiedad que consiste en la tendencia a evitar actuar a no ser que se tenga la completa seguridad de lograr el éxito.[1] Puede que te quedes atascado perpetuamente en la fase de investigación

de los proyectos. Quizá ponderes muchas ideas, pero no pruebes ninguna porque no te sientes lo bastante seguro como para comprometerte con una idea. Prueba las sugerencias de este capítulo para transformar tus respuestas C en A.

Mayoría de D:

Es muy poco probable que tu problema sea que le das demasiadas vueltas a las cosas antes de actuar. De hecho, es posible que tiendas a reflexionar poco antes de pasar a la acción. Este capítulo será menos relevante para ti que otros, pero como la ansiedad y la impulsividad no son excluyentes, puede que te resulte útil leerlo, ya que te presentará conceptos básicos sobre la ansiedad que desarrollaremos más adelante.

Ser reflexivo, cauteloso e introspectivo tiene sus ventajas; sin embargo, hay veces en que nos conviene más ser liebre que tortuga. Este capítulo te ayudará a entender los mecanismos psicológicos de por qué la ansiedad y la duda van de la mano con frecuencia. Estos mecanismos incluyen sobreestimar las posibilidades de que tus acciones tengan resultados negativos, catastrofizar el fracaso y el bloqueo o la huida frente a situaciones que suscitan sensación de incertidumbre.

CAMBIOS DE PENSAMIENTO PARA SUPERAR LAS DUDAS EXCESIVAS

En este apartado, llevarás a cabo experimentos cognitivos que dotarán de más equilibrio y flexibilidad a tu forma de pensar y que te motivarán a adoptar los cambios conductuales que encontrarás más adelante en este mismo capítulo. Y recuerda: no es necesario que hagas todos los experimentos, basta con que hagas los que te interesen.

Valora la posibilidad de que tus acciones tengan consecuencias positivas

Estás pensando en pintar las paredes de un color distinto al blanco o al crema, pero tu mente ansiosa irrumpe la predicción negativa de que lo odiarás y te mortificarás por haber perdido tiempo y dinero. Sin embargo, valora la posibilidad de que te encante, o de que al menos te guste. Eso te dará confianza para probar ideas nuevas.

La tendencia a predecir que las acciones tendrán consecuencias negativas es un elemento crucial de los problemas de ansiedad. Si consigues ser consciente de cuándo haces una predicción negativa y, entonces, valoras posibilidades alternativas, es muy probable que notes que la ansiedad se reduce significativamente. Aunque este libro contiene mucha información, dominar este sencillo principio te será muy útil para resolver tus problemas de ansiedad. Presta atención a este concepto.

Cuando sientas ansiedad, usa ese sentimiento como una señal para poner en práctica la articulación de tu predicción negativa y una alternativa. Intenta pensar en el mejor resultado posible, en lugar de limitarte a pensar en el peor. El objetivo no es eliminar por completo el miedo, sino que sopeses las distintas posibilidades de un modo equilibrado.

Experimento. Piensa en una acción que te gustaría

emprender e intenta articular tanto el resultado negativo que temes como una alternativa positiva posible, como en el ejemplo de las paredes. Si practicas repetidamente esta habilidad, la convertirás en un hábito:

Resultado temido =
Resultado alternativo =

Importante: cuando intentes cambiar tus pensamientos, es esencial que elijas un pensamiento nuevo que quieras reforzar. Cambiar un pensamiento se parece mucho a cambiar un hábito: cuando cambias un hábito, no rompes con un mal hábito, sino que construyes y fortaleces uno nuevo.[2] El proceso de articular pensamientos alternativos se irá automatizando a medida que lo practiques. Las situaciones que acostumbraban a desencadenar tu antigua manera de pensar activarán también tu nueva forma de pensar.

Reconoce el valor de actuar con incertidumbre

La presencia de la ansiedad y de la incertidumbre no siempre significa que debas permanecer en la inacción. Si ahora estás atascado y llevas un tiempo así, pasar a la acción acostumbra a ser mejor que no hacer nada. Cuando reconoces el valor de actuar con incertidumbre, ayudas a que el cerebro empiece a interpretar la incertidumbre como un estado positivo, o al menos no tan temible, en lugar de hacer que active las señales de alarma. A continuación, encontrarás un experimento cognitivo cuyo objetivo es ayudarte a reconocer el valor de pasar a la acción aunque no sepas con seguridad cuál será el resultado o la manera exacta de proceder.

Experimento. ¿En qué circunstancias sería la mejor opción actuar con menos de un cien por cien de certeza de éxito? Por ejemplo, presentar una solicitud para una beca que tardarás cuatro horas en completar. Calcula que la probabilidad de conseguir la ayuda es de solo el 10 %, pero, si la consigues, te darán 5.000 dólares. O probar un servicio que te costará 50 dólares mensuales, pero que varias personas de confianza te han recomendado. O gastar 100 dólares en pintura y material de pintura para ver si te gustan las paredes pintadas de otro color. Hace años que piensas en cambiar ese blanco roto. Intenta aportar tres ejemplos propios. Si tres te parece demasiado abrumador, prueba con uno solo. Recuerda: puedes modificar las instrucciones para adaptarlas a ti.

Identifica los inconvenientes de no actuar

Las personas con intolerancia a la incertidumbre tienden a esforzarse mucho para evitar las consecuencias negativas. En otras palabras, harán más malabares para evitar perder un dólar que para ganar un dólar. Puedes aprovechar tu tendencia natural si reflexionas cuidadosamente acerca de los inconvenientes de no pasar a la acción. Naturalmente, es posible que ya hayas pensado en las pérdidas, los costes y los riesgos potenciales de pasar a la acción, pero, ¿te has parado a pensar en los costes, los riesgos y las pérdidas potenciales de no hacer nada? Usa las preguntas siguientes como guía para identificar el coste de la duda.

Experimento. Estas preguntas apuntan al coste que la

duda ha tenido para ti en el pasado. He incluido ejemplos de respuestas para estimular tu reflexión. Intenta escribir los tuyos, al menos uno para cada pregunta. Cuanto más específicos y concretos sean, mejor. No seas demasiado duro contigo mismo cuando pienses en los errores del pasado.

Pregunta	Ejemplos de respuestas
1. ¿Qué te ha costado la duda en términos de tiempo y de energía mental?	Calculas que has pasado unas cuatro horas semanales dándole vueltas a decisiones que ya podrías haber tomado. [Me gusta asignar números o estimaciones a los ejemplos, cuando procede, para que sean más específicos y objetivos.]
2. ¿Cómo hubieras preferido invertir el tiempo y la energía que has identificado en la pregunta 1?	Dormir más, relajarme más en el sofá, ver más televisión. [Lo que más te apetezca.]
3. ¿Qué oportunidades has perdido en el pasado por dudar?	Hace dos años, pensaste en comprar una casa de tu calle como inversión inmobiliaria. Al final, no te decidiste. Ahora, la casa vale 50.000 dólares más que entonces. [Como ves, he vuelto a añadir una cifra para que el dato sea más específico y objetivo.]
4. ¿El hecho de retrasar o evitar pasar a la acción ha tenido algún coste interpersonal para ti?	• Tus amigos se frustran contigo porque siempre dices que esta vez pedirás algo distinto en el restaurante, pero siempre acabas pidiendo lo mismo. • Tu pareja también se frustra contigo por tu dificultad para tomar decisiones.

5. ¿Te has dado cuenta de que cuanto más evitas pasar a la acción, menos seguro de ti mismo estás? ¿Has desarrollado más miedo al fracaso? [*Pista*: el aumento del perfeccionismo a lo largo del tiempo es un indicador de que ahora tienes más miedo al fracaso.]	Recuerdas que antes te sentías más seguro que ahora a la hora de entablar amistades.
6. ¿Qué oportunidades de aprender de las acciones te has perdido mientras permanecías atascado en la inacción?	Has demorado invertir en bolsa. Ahora pasas de los cuarenta y careces de la menor experiencia en inversión directa. La podrías haber adquirido practicando cuando se trataba de cantidades más pequeñas.

Cuestiona el pensamiento «fracaso = catástrofe»

A veces, cuando predecimos que obtendremos un resultado negativo, la predicción se hace realidad. Sin embargo, en realidad, la gran mayoría de los fracasos no son una catástrofe. Si fracasar puede provocar una verdadera catástrofe (por ejemplo, invertir 100.000 dólares), hay motivos para proceder con mucha precaución. Sin embargo, tendrás más éxito si aprendes a distinguir entre estas situaciones y los fracasos o los errores asumibles.

Experimento. Piensa en algo que tu mente ansiosa esté etiquetando ahora como «sería una catástrofe». Algunos ejemplos posibles son que te digan que no, que recibas comentarios negativos, que tu desempeño no sea excepcional o que inviertas una pequeña cantidad de dinero sin obtener beneficio. Ahora, en lugar del fracaso catastrófico que estás anticipando, prueba a generar un pensamiento alternativo que te gustaría reforzar. Por ejemplo:

Pensamiento ANTIGUO: «Intentar hacer X y arrepentirme después sería un desastre».

Pensamiento NUEVO: «Intentar hacer X y arrepentirme después sería molesto, pero lo podría soportar».

Cuestiona el pensamiento «No podría soportar intentar algo y que no funcionara»

Se trata de un cambio similar, pero sutilmente distinto al que acabamos de comentar. Muchas personas subestiman su capacidad para afrontar el fracaso cuando intentan algo y no les funciona Es habitual que las personas ansiosas se preocupen por si luego se arrepienten de sus decisiones y les cuesta gestionar las emociones resultantes. Con frecuencia, para resolver este obstáculo basta con darse cuenta de que podemos afrontar los errores, los contratiempos y los desengaños.

Por ejemplo, podemos ver la enorme capacidad que el ser humano tiene para afrontar el fracaso si observamos a los atletas olímpicos. *Aviso*: voy a ser muy directa para transmitir el mensaje con claridad. Aunque solo uno de los atletas se hace con el oro en cualquier categoría olímpica, el resto de los participantes no se suicidan o ahogan las penas en alcohol. Los atletas olímpicos son algunas de las personas más competitivas y tenaces del planeta, y su inversión personal es enorme; sin embargo, cuando su sueño de colgarse el oro no se hace realidad, lo superan y siguen adelante. Saben que el esfuerzo no ha sido en vano. Las experiencias y las habilidades psicológicas (perseverancia, precisión, compromiso, etc.) que adquieren por el camino hacen que no lo sea.

Experimento. Piensa en alguna experiencia pasada en la que afrontaras con éxito las emociones derivadas de errores y fracasos (emociones como la vergüenza, la decepción, la tristeza o la frustración). Por ejemplo, tu pareja te dejó. Es posible que en ese momento pensaras que nunca conseguirías superarlo, pero lo hiciste.

Consejo: si te quedas atascado pensando en que al principio lo llevaste muy mal, pregúntate qué hiciste después. ¿Cómo conseguiste salir adelante? A veces, la respuesta es, sencillamente, que seguiste adelante con tu vida y el tiempo curó las heridas.

Por el lado positivo, si ya tienes claro que podrías superar el golpe emocional de intentar algo y que no funcione como esperabas, decidir probarlo te será mucho más fácil.

Cuestiona el pensamiento «Fracaso = Nunca lo conseguiré»

La ansiedad tiende a generar que se piense en términos dicotómicos, o en blanco y negro. Un ejemplo habitual de ello es ver el éxito y el fracaso como los dos únicos resultados posibles, en lugar de como un camino zigzagueante hacia el éxito que está salpicado de fracasos. Superar las dudas excesivas significa aprender a ver el fracaso como parte del camino hacia el éxito.

Para desarrollar una mayor tolerancia al fracaso, necesitas lo que se conoce como *mentalidad de crecimiento*. Tener una mentalidad de crecimiento significa creer que puedes mejorar tus capacidades mediante la práctica adecuada. Lo contrario a la mentalidad de crecimiento se denomina *mentalidad fija*. Si tienes una mentalidad fija, crees que tus capacidades son fijas. Como creen que no pueden mejorar, las personas con una mentalidad fija tienen un miedo excesivo al fracaso. Hay muchas investigaciones que demuestran que las personas que tienen una mentalidad de crecimiento logran más que quienes tienen una mentalidad fija.[3] La buena noticia es que las personas con una mentalidad fija pueden desarrollar una mentalidad de crecimiento.

Experimento. Prueba los siguientes ejercicios de pensamiento para empezar a cambiar hacia una mentalidad de crecimiento.

1. ¿Alguna vez has conseguido el objetivo que te habías propuesto a pesar de algún fracaso inicial? Da un ejemplo.
2. Identifica algun área en la que tengas una mentalidad fija. Debe ser una habilidad/capacidad que consideres importante para tu éxito, en la que creas que no eres tan bueno como te gustaría ser y que consideres como una habilidad/capacidad fija.
3. Identifica una mentalidad de crecimiento nueva que te gustaría reforzar. Por ejemplo, tu mentalidad fija antigua podría ser «No se me da bien negociar», y la nueva mentalidad de crecimiento podría ser «Puedo mejorar mis habilidades de negociación si practico de una manera que encaje bien con mi temperamento y mis valores».

Pensamiento ANTIGUO:
Pensamiento NUEVO:

Cuestiona el pensamiento «El fracaso es solo para los perdedores»

Uno de los errores de pensamiento asociados al fracaso más habituales entre los perfeccionistas ansiosos es pensar que el fracaso es solo para perdedores. Si tienes este sesgo de pensamiento, prueba este experimento.

Experimento. Piensa en una persona de éxito a la que admires. Puede ser cualquiera, desde Oprah a alguien a quien conozcas en persona.

¿Qué fracasos ha tenido esta persona en ámbitos en los que suele tener éxito? ¿Alguna persona del mundo de los negocios a los que admiras ha hecho alguna vez una mala inversión? ¿Tu actor preferido ha participado en alguna película que ha acabado perdiendo dinero? ¿Tu músico favorito ha tenido algún fracaso discográfico?

Si no se te ocurren ejemplos directamente, busca en internet o lee una biografía de la persona en cuestión. Asegúrate de que los ejemplos sean relevantes en el ámbito en el que esa persona tiene éxito. Un chef estrella cuyo nuevo restaurante fracasa es más relevante que un actor que inaugura un restaurante y fracasa.

Una vez que hayas terminado el experimento, pregúntate: «¿Qué pensamiento alternativo es más realista y menos duro que "El fracaso es solo para perdedores"?».

Alternativa. Pídeles a tus mentores (personas a las que conozcas en persona) que te expliquen alguno de sus fracasos personales. Pregúntales qué aprendieron de esas experiencias. También les puedes preguntar acerca de los fracasos de otras personas destacadas en su campo. Quizá estén más dispuestos a compartir esa información que a hablar de sus propios fracasos.

Confía en tu instinto

Los instintos viscerales proporcionan una valiosa información sobre cuándo decir que sí y cuándo hay que decir que no. Sin embargo, «confía en tu instinto» puede ser un mensaje muy confuso para las personas con tendencia a la ansiedad porque les resulta difícil distinguir entre los instintos viscerales y los síntomas de ansiedad. Si aprendes a reconocer cuáles son tus patrones de ansiedad habituales a la hora de tomar decisiones, te será más fácil distinguirlos de tus instintos.

Por ejemplo, imagina que siempre que estás a punto de reservar un vuelo internacional te sientes físicamente mal, pero que también siempre te encuentras mejor en cuanto pulsas el botón de «confirmar». Si puedes identificar esta secuencia de emociones como un patrón recurrente, podrás reconocer que los síntomas de ansiedad física en esa situación acostumbran a ser una falsa alarma y que no es probable que indiquen que algo vaya mal de verdad.

Cuando estás en este tipo de situación, ¿qué instintos viscerales puedes sintonizar que te digan si la decisión de actuar es una buena idea? ¿Qué sientes cuando un instinto te empuja a decir *adelante* o *sí*? En mi caso, siento el instinto de *adelante* como una especie de cosquilleo y de agitación, combinada con algunas sensaciones de ansiedad (que prácticamente siempre están ahí cuando tomo la decisión de hacer algo nuevo). Presta atención a cómo sientes tu instinto de *adelante* en el cuerpo y en la mente.

Por supuesto, también has de prestar atención a tus instintos cuando te envían un mensaje válido de «para, algo no va bien». Un instinto que te llama a dejar de hacer lo que sea que estés haciendo podría ser la sensación de que, hasta ahora, has seguido una trayectoria convencional, pero que no es congruente con tus pasiones o tus puntos fuertes. Un instinto de que algo va mal podría ser la sensación de que algo que te están contando no te cuadra. No reprimas tu instinto de buscar explicaciones.

Cuando empieces a prestar atención, te darás cuenta de que estos instintos viscerales son distintos de tus sensaciones de parálisis por miedo o por exceso de análisis. Estos instintos te indicarán qué acción debes emprender.

Experimento. A medida que avances en la lectura de este libro, comienza a identificar cómo tus patrones de ansiedad habituales se diferencian de los instintos viscerales que probablemente te indican algo válido acerca de una situación específica.

CAMBIOS CONDUCTUALES PARA SUPERAR LA VACILACIÓN EXCESIVA

Importante: hasta ahora, nos hemos centrado en cómo la modificación de tu forma de pensar puede ayudar a cambiar tu conducta. Y esto es importante, pero solo es la mitad de la historia. Por lo general, se nos da bastante bien identificar cómo los cambios en los pensamientos o los sentimientos pueden conducir a cambios en la conducta, como, por ejemplo, «Cuando tenga más energía, haré más ejercicio» o «Cuando tenga más ideas, emprenderé más acciones». Sin embargo, también tendemos a subestimar el impacto que tiene el cambio de nuestra conducta en nuestros pensamientos y sentimientos, como «Cuando haga más ejercicio, tendré más energía» o «Cuando haga más cosas, tendré más ideas». No cometas el error de pensar que hay que cambiar la manera de pensar antes de intentar cambiar la manera de hacer. Los cambios de pensamiento y de conducta van de la mano. Cuando comiences a hacer cambios en tu conducta (por sutiles que sean), te darás cuenta de que todo tipo de pensamientos, incluida la forma de verte a ti mismo, empiezan a cambiar también. Cambiar de conducta sin esperar siempre a que tus pensamientos cambien primero es una de las mejores y más rápidas maneras de reducir tu ansiedad. Este es el motivo por el que el enfoque cognitivo-conductual se centra tanto en los pensamientos como en la conducta.

Los cambios conductuales de los que hablaremos en este apartado te ayudarán a desarrollar un mejor equilibrio entre la acción y el pensamiento, pero primero veremos una estrategia que puedes usar para reducir la sensación de ansiedad, sea cual sea su causa.

Disminuye la ansiedad en un instante

La mejor manera de aliviar la ansiedad al instante es ralentizar la respiración. Prueba a hacerlo siempre que te sientas físicamente sobreexcitado por la ansiedad o cuando tus pensamientos se aceleren o se paralicen. Ralentizar tu respiración disminuirá automáticamente tu frecuencia cardiaca. Te sentirás más calmado. Y, como es un hecho fisiológico, es la única estrategia de eficacia garantizada contra la ansiedad. El efecto es prácticamente inmediato.

Aquí tienes algunos consejos para ralentizar la respiración.

1. Antes de intentar ralentizar la respiración, relaja los hombros. Te facilitará las cosas. Además, concéntrate en respirar más lentamente, no en respirar profundamente.

2. Si percibes tensión en alguna parte del cuerpo, como la nuca o los hombros, imagina que estás respirando aire puro en esas zonas. No tiene nada de científico, pero a muchas personas les gusta este método.

3. Mi manera preferida de demostrar que la respiración lenta funciona es usar alguna aplicación para el móvil que mida la frecuencia cardiaca (consulta la página en inglés <TheAnxietyToolkit.com/resources>). La aplicación funciona poniendo el dedo sobre la cámara del móvil. La cámara detecta el pulso a través de los minúsculos cambios en el flujo sanguíneo de tu dedo. Puedes ver tu frecuencia cardiaca reflejada en la pantalla del móvil y comprobar si va disminuyendo. Ten en cuenta que la frecuencia cardiaca es naturalmente un poco más rápida al inspirar que al espirar.

Decide cuándo y dónde actuarás

Como las personas con ansiedad tienden a suponer lo peor, tienden a asumir que cualquier cambio exige un esfuerzo colosal. Sin embargo, la investigación psicológica está repleta de ejemplos de cómo se pueden conseguir mejoras enormes con cambios diminutos en puntos clave de decisión. Aquí tienes un ejemplo.

Decidir cuándo y dónde harás algo aumenta drásticamente las probabilidades de que lo lleves a cabo. Veamos los resultados de un estudio concreto.[4] Como la mayoría de los estudios de investigación en psicología usan a alumnos como conejillos de Indias, este ejemplo tiene que ver con la redacción de ensayos. Los estudiantes que tenían que escribir un ensayo se dividieron en dos grupos. A un grupo se le pidió que especificara cuándo y dónde completarían el ensayo. El 71 % de los integrantes de este grupo terminaron el trabajo antes de la fecha límite. Al otro grupo se le dio una fecha límite, pero no se les pidió que dijeran cuándo y dónde escribirían su ensayo. Solo el 32 % de los integrantes de este grupo entregaron el trabajo a tiempo. Esta sencillísima intervención de dos minutos transformó una tarea en la que la mayoría de los participantes fracasaban en otra en la que la mayoría de los participantes tuvieron éxito.

Para aplicar este cambio en tu propia vida, siempre que quieras pasar a la acción, identifica cuándo y dónde lo harás. Conviértelo en un hábito.

Exponte a experiencias de éxito

Piensa en esto: un niño le pide a su madre que le compre una bolsa de M&M's en el supermercado. Si su madre dice que sí, aunque solo sea a veces, el niño se sentirá motivado para volver a pedírsela en el futuro. Es lo que se conoce como *refuerzo intermitente*. El refuerzo intermitente significa que unas veces obtenemos la recompensa y otras no, pero no sabemos cuándo acertaremos y cuándo fallaremos.[5]

El refuerzo intermitente da como resultado que las conductas se adquieran rápidamente y crea conductas muy persistentes (si no, pregúntaselo a cualquier madre que haya cedido a la petición de golosinas en alguna ocasión). También vemos el principio del refuerzo intermitente en las personas que juegan a la lotería y que ganan algo de vez en cuando. Sus ganancias les proporcionan una descarga de dopamina, centran la atención en la posibilidad de ganar el gordo y refuerzan su continuo *esfuerzo* de seguir jugando.

Conclusión: aunque solo obtengas un refuerzo intermitente (es decir, si solo consigues el éxito de vez en cuando), tener algunos éxitos hará que tu conducta sea mucho más resiliente, y será menos probable que te rindas. Por tanto, cada vez que comiences algo, céntrate en conseguir tu primer éxito. Por ejemplo, si quieres tener éxito en el ámbito empresarial, céntrate en conseguir los primeros clientes, las primeras ventas o las primeras experiencias de aceptación de un proyecto. Céntrate en eso antes de perfeccionar tu estructura de precios, tu sitio web, tu paquete de redes sociales, etc. Permítete saborear el éxito.

Rodéate de personas que ya estén haciendo lo que tú quieres hacer

Mi consejo preferido para el éxito cuando hablo con personas que tienden a dudar en exceso es que se relacionen con regularidad con personas que ya están haciendo con éxito lo que ellas quieren hacer. ¿Por qué te ayudará esto a moderar tu tendencia a ser tortuga? Las emociones, los pensamientos y las conductas tienden a ser socialmente contagiosos.[6] Por lo tanto, si te rodeas de personas que ya actúan como quieres actuar tú, lo más probable es que se te contagie algo. Será más probable que pases a la acción.

Otra razón importante para relacionarte con personas que ya tienen éxito en su campo es que mucha de la información clave que te ayudará a tener éxito no aparecerá en libros u otros foros públicos. Lo más probable es que esa información pase directamente de una persona a otra. La única manera de acceder a esa información privilegiada es entablar amistad con personas de éxito.

Practica la tolerancia a la incertidumbre

Busca activamente oportunidades para pasar a la acción a pesar de no estar completamente seguro de poder tener éxito. Experimenta con esto gradualmente durante los próximos meses, a medida que se te presente la oportunidad. Cuanto más constates por experiencia que puedes hacerlo, más fácil te será. Pasar a la acción con rapidez empezará a resultarte más natural. Cuando se te presente la oportunidad de actuar con incertidumbre, articula las posibles ventajas de pasar a la acción:

- Podría salir bien.
- Si no sale bien, aprender de lo que no ha funcionado me ayudará a desarrollar mi pensamiento.
- Ya no tendré que seguir dándole vueltas a la idea.

Practica el dudar menos

Busca pequeñas formas de practicar cómo dudar un poco menos de lo habitual. Con el tiempo, esto te ayudará a aumentar tu flexibilidad psicológica: mejorará tu capacidad para elegir cuándo quieres reflexionar detenidamente acerca de una decisión y cuándo prefieres decidir rápidamente, actuar y pasar a otra cosa. Empezarás a aprender por experiencia que puedes pasar más rápidamente del pensamiento a la acción sin que las consecuencias sean catastróficas. Por ejemplo, si tiendes a demorar la compra de cosas que, en realidad, serían una buena inversión, establece algunos criterios para tomar decisiones más rápidas. Te puedes comprometer contigo mismo a tomar en un máximo de cuarenta y ocho horas las decisiones sobre compras inferiores a 50 dólares. Elige el nivel que encaje mejor con tu situación y con tus preferencias.

CAPÍTULO 5

RUMIACIÓN

Cómo desbloquear el pensamiento

Con frecuencia, la ansiedad da lugar a dos tipos de pensamiento excesivo: la rumiación (revivir mentalmente eventos sucedidos en el pasado, ya sea próximo o lejano) y la preocupación (temor a lo que pueda suceder en el futuro). Este capítulo te ayudará a afrontar de un modo efectivo los momentos en que te veas atrapado en una de estas trampas de ansiedad.

Completa el siguiente test para ver si este capítulo guarda relación contigo. Elige las respuestas que mejor se ajusten a ti. Si ninguna de ellas coincide con exactitud, selecciona la que más se aproxime.

1. **¿Con qué frecuencia repites mentalmente conversaciones del pasado reciente (incluyendo correos electrónicos, mensajes de texto y mensajes instantáneos)?**
   a. Nunca o casi nunca.
   b. A veces, pero menos de una vez a la semana.
   c. Al menos una vez a la semana.

2. **¿Con qué frecuencia revives mentalmente acontecimientos negativos sucedidos en el pasado no reciente (hace meses o incluso años)?**

a. Nunca o casi nunca.

b. A veces, pero menos de una vez cada quince días.

c. Al menos una vez cada quince días.

3. **¿Alguna vez te has sentido físicamente mal debido a la ansiedad?**

   a. Nunca o muy raramente.

   b. Durante momentos de transición en mi vida (por ejemplo, comenzar un trabajo nuevo), pero no en general.

   c. Una vez al mes o más.

4. **¿Qué haces cuando un acto muy importante para ti (como dar una charla importante, una audición o una entrevista de trabajo) no ha ido tan bien como esperabas?**

   a. Pienso en cómo aplicar cambios sencillos para la próxima vez.

   b. Me bebo una copa de vino e intento olvidar lo sucedido.

   c. Me paso semanas obsesionado con lo que podría haber hecho mejor y preocupado por cómo me habrán percibido.

5. **¿Cómo reacciones cuando piensas en tus puntos débiles?**

   a. Asumo que los puntos débiles forman parte de la experiencia humana universal.

   b. Espero que nadie más se dé cuenta de ellos.

   c. Paso horas preocupándome por si mis puntos débiles me impiden lograr el éxito y la felicidad que deseo.

6. ¿Qué haces cuando te das cuenta de que has cometido un error importante?

a. Lo corrijo y sigo adelante.

b. Lo corrijo, pero pierdo alguna que otra noche de sueño pensando en ello.

c. Me estreso, pero me quedo tan paralizado por la ansiedad que, con frecuencia, no puedo corregir el error.

A continuación, tienes la interpretación de los resultados.

Mayoría de A

La rumiación no es un problema importante para ti. Cuando ves que puedes mejorar en algo, haces planes específicos acerca de cuándo y dónde vas a aplicar tus ideas. Es posible que avances rápidamente por el capítulo. De todos modos, es muy probable que encuentres información que te resulte útil.

Mayoría de B

La rumiación es un problema ocasional para ti. Aprender estrategias para afrontar situaciones perturbadoras te ayudará a estar más relajado. Aunque la rumiación y la preocupación no son aspectos de tu vida que te consuman, no son estados agradables, y hay algunas técnicas sencillas que puedes aprender y guardar en tu caja de herramientas para cuando las necesites.

Mayoría de C

El vórtice de la rumiación te arrastra con frecuencia. Reflexionas mucho acerca de cómo podrías tener más éxito,

pero no sueles planificar cómo aplicar esas ideas. La rumiación y la preocupación interfieren con la generación de
ideas útiles y la resolución de problemas. Las estrategias de
este capítulo te ayudarán a reducir considerablemente la
cantidad de tiempo que pasas rumiando y preocupándote,
y te ayudarán a tomar decisiones más eficaces.

Lo creas o no, los psicólogos tienen un nombre para las
personas a las que les gusta pensar mucho. El rasgo se llama
necesidad de cognición. Se refiere a personas que disfrutan
pensando y se sienten motivadas a intentar entender y
comprender las cosas. Como estás leyendo un libro acerca
de cómo entenderte a ti mismo y a tus pensamientos, es
probable que pertenezcas a esta categoría.

En general, tener una necesidad de cognición elevada
se asocia a rasgos positivos, como la apertura, una mayor
autoestima y menor ansiedad social.[1] Por otro lado, algunos tipos de pensamiento intensivo —sobre todo la rumiación y la preocupación— tienden a asociarse con la
cerrazón ante las ideas nuevas y con una mala salud mental. El propósito de este capítulo es ayudarte con el pensamiento excesivo e inútil. La intención es que seas capaz de
disfrutar y beneficiarte de la autorreflexión útil y de otros
tipos de pensamiento profundo sin quedar enredado en
bucles de preocupación y autocrítica.

CAMBIOS DE PENSAMIENTO PARA LIDIAR CON LA RUMIACIÓN Y LA PREOCUPACIÓN

La ansiedad y la rumiación forman un bucle de retroalimentación en el que una causa la otra. Aquí aprenderás a

reconocer cuándo estás rumiando para que puedas interrumpir el bucle. También te enseñaré algunos ejercicios muy sencillos de atención plena que puedes usar para desarrollar una mente más antiadherente.

Identifica cuándo estás rumiando

Para reducir la rumiación, primero tendrás que identificarla. La rumiación puede referirse a cuestiones menores.

¿Por qué pagué 4,20 dólares por la gasolina en la primera estación de servicio a la salida de la autopista cuando podría haber conducido un kilómetro más y pagar 3,60 dólares? No debería haber sido tan estúpido. Tendría que haberme dado cuenta de que la gasolinera más próxima a la salida de la autopista sería más cara que el resto de las de la ciudad. ¿Por qué me he dejado llevar por el hecho de que hubiera tanta gente repostando allí? ¿Por qué había tantas otras personas dispuestas a pagar más de lo necesario, de todas maneras? ¿Somos todos unos borregos?

La rumiación también puede adoptar la forma de una autocrítica más severa.

¿Se puede saber qué me pasa? Tengo sueños, pero no los hago realidad. Mucho ruido y pocas nueces. ¿Será que en realidad no lo deseo tanto? ¿Acaso soy un fraude?

A veces, rumiar se parece a soñar despierto, pues, con frecuencia, las personas se pierden en la rumiación sin darse cuenta de que lo están haciendo. Prueba el experimento siguiente para mejorar tu capacidad de detectar la rumiación.

Experimento. Haz una lista de los distintos temas sobre los que tiendes a rumiar. Usa las ideas siguientes para una lluvia de ideas o, simplemente, rellena los espacios en blanco.

- Rememorar conversaciones con personas que están en posiciones de poder en tu vida. Por ejemplo, reproducir conversaciones, incluyendo correos electrónicos, con [inserta los nombres de las personas en cuestión] ___.
- Rememorar experiencias de fracaso del pasado. Por ejemplo, ___.
- Pensar en todas las maneras en las que no eres tan perfecto como querrías. Por ejemplo, pensar en que ___ no se te da tan bien como te gustaría.
- Pensar en todo lo que tendrías que estar haciendo para tener más éxito, como ___.
- Pensar que eres demasiado poca cosa como para tener éxito y ser feliz.
- Rememorar pequeños errores que has cometido, como ___.
- Pensar en las opciones que descartaste, como ___.

Si se te ocurren más ejemplos, puedes añadirlos más adelante. El objetivo de este primer ejercicio no es cambiar tu rumiación, sino ayudarte a saber qué es lo que estás intentando detectar.

Sé consciente del sesgo de memoria

Cuando las personas están ansiosas, suelen tener un recuerdo sesgado de los acontecimientos.[2] Por ejemplo,

Brian se convence a sí mismo de que lo ha hecho muy mal en una entrevista para un ascenso porque piensa una y otra vez en todo lo que podría haber dicho. Sin embargo, recordar las buenas respuestas que dio no le resulta tan fácil. Rememora sin cesar las señales ambiguas que le dieron los entrevistadores, como, por ejemplo, que parecía que le hacían las preguntas de manera apresurada, pero no recuerda con tanta facilidad las veces en que respondieron positivamente.

Otro ejemplo: tengo una amiga que, cuando salía de un examen, siempre se convencía a sí misma de que lo había suspendido. Rumiaba acerca de todas las respuestas que no sabía y no recordaba las que sí había respondido correctamente. Conclusión: cuando rumies, no confíes en tu memoria. Es posible que estés rumiando sobre algo ficticio o, al menos, magnificado. Esto también se aplica cuando la rumiación es sobre cómo crees que te perciben los demás. Es posible que solo estés leyendo la mente en base a recuerdos sesgados de tus interacciones con ellos.

Experimento. ¿Es posible que el sesgo de memoria intervenga en alguno de los temas sobre los que rumias últimamente? Si no se te ocurre ninguno ahora, vuelve a este experimento cuando des con un tema que encaje. Responde a las preguntas siguientes:

1. ¿Qué te dice tu mente rumiante?
2. ¿Qué te dicen los datos objetivos acerca de la verosimilitud de tus pensamientos rumiantes? Por ejemplo, mi amiga, que siempre se convencía de que había suspendido los exámenes, nunca suspendió ninguno.

3. ¿Recuerdas los comentarios que recibiste como más duros de lo fueron en realidad? ¿O problemas en tu rendimiento como peores de lo que fueron?

Distingue entre la preocupación/rumiación y la resolución útil de problemas

Si eres inteligente y te has visto recompensado durante toda tu vida por tus habilidades de pensamiento, es lógico que recurras de manera automática a la racionalización para aliviar el dolor emocional. Sin embargo, como la ansiedad tiende a hacer que el pensamiento sea negativo, estrecho y rígido, resolver problemas de manera creativa es muy difícil cuando te sientes muy ansioso. Las personas que se preocupan mucho tienden a creer que preocuparse las ayuda a tomar buenas decisiones.[3] Sin embargo, en lugar de ayudarte a resolver problemas, la rumiación y la preocupación suelen impedir que los árboles te dejen ver el bosque.

¿Crees que las personas que se preocupan mucho por contraer un cáncer son más propensas a hacerse autoexámenes, controlarse los lunares o seguir una dieta más saludable? Si hacemos caso a la investigación, parece que sucede justo lo contrario. Las personas que se preocupan mucho y rumian tardan más tiempo en tomar medidas. Por ejemplo, un estudio demostró que las mujeres con tendencia a la rumiación tardaban un promedio de treinta y nueve días más en acudir al médico cuando se encontraban un bulto en el pecho.[4] Da miedo, ¿no?

Si te paras a pensarlo, la preocupación se suele deber a la falta de confianza en la propia capacidad para gestionar situaciones. Un ejemplo: los tecnófobos muy preocupados por la posibilidad de que su disco duro se bloquee son las mismas personas que tienen miedo de borrar accidentalmente todos sus archivos si hacen una copia de seguridad. Por lo tanto, la preocupación se suele asociar con la falta de eficacia en la resolución de problemas. En mi experiencia, los rumiadores tecnófobos no acostumbran a hacer copias de seguridad de sus ordenadores.

Experimento. Para que puedas comprobar por ti mismo si la rumiación y la preocupación te llevan a acciones útiles, intenta registrar durante una semana el tiempo que dedicas a rumiar y a preocuparte. Si una semana te parece demasiado, prueba a hacerlo durante dos días (uno laborable y otro en fin de semana). Cuando te des cuenta de que estás rumiando o preocupándote por algo, anota el número aproximado de minutos que has pasado haciéndolo. Al día siguiente, anota las veces en que rumiar/preocuparte te ha llevado a soluciones útiles. Calcula la proporción: ¿cuántos minutos has dedicado pensar más de la cuenta por cada solución útil que has encontrado?

Reduce la autocrítica

Reducir la autocrítica es fundamental para que la rumiación disminuya. La autocrítica echa más leña a tu hoguera de rumiación. La gente usa la autocrítica para tratar de animarse a hacer mejor las cosas en el futuro. Por ejemplo, alguien podría rumiar después de haber comido demasiado o cuando cree que ha metido la pata en una situación social y, entonces, se castiga mentalmente por los errores cometidos. Sin embargo, la autocrítica dura no te ayudará a avanzar porque no es una herramienta motivacional demasiado eficaz, sobre todo si ya estás rumiando.[5]

Las personas que siguen el patrón de recurrir a la autocrítica para motivarse suelen temer que, si la reducen, se volverán perezosos. No es así. De hecho, con frecuencia, hablarte desde la compasión en lugar de desde la crítica te llevará a esforzarte más. Por ejemplo, un estudio demostró que las personas que hicieron un examen duro y recibieron luego un mensaje compasivo se mostraron más dispuestas a estudiar durante más tiempo para un examen similar en el futuro, en comparación con un grupo de personas que hicieron el mismo examen, pero no recibieron un mensaje compasivo.[6]

Darte un sencillo mensaje de «no seas demasiado duro contigo mismo» te impulsará a adoptar medidas útiles para resolver el problema que sea. Reconocer las emociones que sientes (como vergüenza, decepción o malestar) y tratarte con compasión te ayudará a tomar decisiones mejores que criticarte a ti mismo. La autocompasión te proporcionará espacio de claridad mental que necesitas para tomar buenas decisiones.

Experimento. Para practicar el uso de la autocompasión como alternativa a la autocrítica, prueba el ejercicio de escritura siguiente, para el que solo necesitas tres minutos.

Hay dos versiones de este ejercicio. Una consiste en pensar acerca de un error que hayas cometido en el pasado y la otra en pensar en algún rasgo de ti mismo que percibes como una debilidad importante. Identifica un error o una debilidad en los que quieras centrarte y, durante tres minutos, escribe siguiendo las instrucciones siguientes:

«Imagina que te hablas acerca de esta debilidad (o error) desde la comprensión y la compasión. ¿Qué te dirías?»

Haz el experimento ahora o resérvalo para una situación futura en la que te encuentres rumiando sobre un error o una debilidad. Este experimento procede de la misma serie de estudios de investigación que el del examen difícil que he mencionado antes. Ten en cuenta que los participantes en el estudio no recibieron indicaciones acerca de cómo escribir los mensajes compasivos. Les funcionó lo que se les ocurrió de forma natural tras recibir las instrucciones.

Identifica cuándo te criticas solo porque estás ansioso

Las trampas del pensamiento del *debería/no debería* son un problema común para las personas con tendencia a la ansiedad. Se pueden manifestar de varias maneras, y prácticamente todas pueden prolongar e intensificar la rumiación; por ejemplo: «No debería decepcionar nunca a nadie», que es un ejemplo de asunción de responsabilidad excesiva y de pensamiento rígido.

Intenta darte cuenta de cuándo caes en las trampas del pensamiento del *debería/no debería*, en las que te acabas criticando a ti mismo solo porque te sientes ansioso. Por ejemplo, «Debería ser capaz de gestionar mi vida mucho mejor» o «No debería estar ansioso por cosas tan insignificantes». Si te sucede, trátate con compasión por sentirte ansioso, independientemente de que la ansiedad te parezca lógica o no. Piensa en ello de esta manera: si te encontraras con un niño que tiene miedo a los monstruos, no dejarías de tratarlo con compasión y con empatía solo porque los monstruos no son reales. Trátate a ti mismo con la misma empatía. Uno de los errores habituales que se comete es pensar que es necesario darse estímulos, ánimos o elogios excesivos cuando uno se siente ansioso. No es así. Adoptar una actitud paciente y compasiva ante el hecho de estar experimentando ansiedad es una estrategia que ayuda a que los sentimientos de ansiedad pasen con rapidez, aunque tendemos a pasarla por alto.

Experimento. Cuando estás rumiando, ¿te fustigas aún más criticándote por sentirte ansioso? Prueba esto: cambia los *debería* ocultos en tu diálogo interior por *preferiría*.[7] Por ejemplo, en lugar de decir «A estas alturas, debería haber conseguido más cosas» prueba con «A estas alturas, preferiría haber conseguido más cosas».

Es un ejemplo sencillo, específico y repetible de cómo te puedes hablar a ti mismo de un modo más amable y paciente. Estas diminutas autointervenciones pueden resultar ridículamente simples, pero funcionan. Es posible que te parezca que no modifican gran cosa tu ansiedad, pero te pueden ayudar a interrumpir tu rumiación lo suficiente como para darte una pequeña ventana de espacio mental despejado. Esto te permite empezar a hacer algo útil en lugar de seguir rumiando. A su vez, hacer algo útil te ayuda a salir de la rumiación. Y entras en un ciclo de retroalimentación positiva (pensamientos positivos → conducta positiva → pensamientos positivos) en lugar de en un círculo vicioso.

Identifica la rumiación desencadenada por correos electrónicos

Los correos electrónicos son uno de los detonantes habituales de la rumiación. Los mensajes de texto, los comentarios en Facebook y los tuits también pueden serlo. Todas las señales no verbales, y muchas de las contextuales, desaparecen en este tipo de comunicación. La naturaleza asincrónica del correo electrónico a menudo agrava el problema.

Por ejemplo, ¿que el destinatario de tu correo electrónico haya tardado en responder significa que no le interesa? ¿O podría significar algo más? ¿Está ocupado? ¿Acostumbra a ser lento contestando? ¿Necesita más información antes de responder? ¿Sigue pensando acerca de lo que le dijiste? ¿Es una persona desorganizada y se despistó? ¿No comprueba sus mensajes? ¿Habrá acabado tu mensaje en la carpeta de correo no deseado?

Si te quedas atrapado en la rumiación inducida por correos electrónicos, identifica si estás sacando conclusiones negativas acerca de por qué esa persona no te ha respondido e intenta encontrar explicaciones alternativas que sean plausibles. Usa el experimento siguiente como guía. Recuerda que ralentizar la respiración siempre te ayudará a pensar con más claridad y flexibilidad, así que hazlo también.

Experimento. ¿Recuerdas alguna ocasión en la que una respuesta tardía a un correo electrónico desencadenara tu rumiación? ¿Cuál fue: 1) el peor de los casos que predijiste para explicar la falta de respuesta de tu interlocutor, 2) el mejor de los casos, y 3) el más probable?[8] Si tienes dificultades para pensar en una respuesta para la predicción más probable, elige algo a medio camino entre la más catastrófica y la más optimista.

En el incidente relacionado con un correo electrónico que acabas de recordar, ¿llegaste a averiguar el motivo real de la demora en la respuesta? En muchas ocasiones, no sabrás qué motiva la conducta de los demás, y esta es una de las razones por las que este tipo de rumiación no suele servir de nada. A continuación ahondo en este tema.

Acepta que, con frecuencia, no sabrás por qué otras personas han actuado de una manera determinada

A los seres humanos nos gusta entender por qué suceden las cosas. Y, cuando no tenemos una explicación, tendemos a inventárnosla. A veces, las explicaciones implican que personalicemos. La personalización ocurre cuando nos tomamos como muy personal algo que en realidad no lo es. Si una compañera de trabajo se muestra brusca y seca, puedes pensar que es porque está enfadada contigo, en lugar de considerar que quizá se deba a que está alterada por algo que no tiene nada que ver contigo. Las personas con tendencia a la ansiedad y con intolerancia a la incertidumbre pueden ser especialmente propensas a rumiar acerca de los motivos por los que algo ha sucedido y a encontrar explicaciones que impliquen una personalización excesiva. Para superarlo, tienes que aprender a tolerar que no siempre sabrás por qué la gente hace lo que hace.

Asume que, si alguien se comporta de un modo raro, lo más probable es que su conducta tenga que ver con lo que le sucede a esa persona y no contigo, y que, además, es muy posible que nunca llegues a saber cuál era el motivo. Te puedes ahorrar horas o días de rumiación y malestar si eres capaz de tolerar la idea de no saber. Aunque en algunos casos puedes intentar averiguar cuál era el problema, en otros muchos no tendrás otra opción que dejarlo pasar. Intenta llegar a esta conclusión antes de pasarte horas rumiando.

Experimento. ¿Tienes algún ejemplo reciente de una situación en la que, retrospectivamente, hubiera sido mejor que aceptaras no saber el motivo del comportamiento ambiguo de alguien en lugar de intentar averiguarlo?

Prueba la meditación de atención plena

La meditación de atención plena es como el paracetamol, en el sentido de que un mismo tratamiento es útil para una amplia variedad de problemas: reducir la sobreexcitación inducida por la ansiedad, aumentar la concentración y mejorar la capacidad de detectar la rumiación. Se ha demostrado que las terapias basadas en la atención plena son efectivas para ayudar a las personas a reducir la ansiedad.[9]

La meditación de atención plena no tiene por qué intimidarte. Una investigación realizada por los creadores de la aplicación de seguimiento de objetivos Lift reveló que los meditadores principiantes comienzan con un promedio de entre tres a cinco minutos.[10] También descubrieron que entre quienes habían meditado doce veces la probabilidad de que siguieran meditando rondaba el 90 por ciento.

Experimento. Busca y encuentra una forma de meditación que encaje contigo. Comienza con tres minutos de una de las siguientes prácticas y aumenta treinta segundos cada día el tiempo que dedicas a meditar.

- Presta atención a las sensaciones físicas de tu respiración. Túmbate boca arriba y pon una mano sobre tu abdomen para sentir cómo asciende cuando inspiras y cómo desciende cuando espiras.
- Siéntate o túmbate y escucha los sonidos que se producen a tu alrededor y el silencio que hay entre ellos. Deja que los sonidos entren y salgan de tu conciencia sin reparar si son relajantes o no.
- Camina durante tres minutos y presta atención a lo que ves.
- Camina y presta atención a la sensación del aire sobre tu piel.
- Camina y presta atención a las sensaciones físicas de tu cuerpo al moverse.
- Haz tres minutos de conciencia abierta, prestando atención a cualquier sensación que aparezca. Presta atención a todo lo que haya en el aquí y el ahora, que pueden ser sonidos, tu respiración, las sensaciones de tu cuerpo en contacto con la silla o las de tus pies sobre el suelo.
- Dedica tres minutos a prestar atención a cualquier sensación de dolor, tensión, comodidad o relajación en tu cuerpo. No es necesario que intentes cambiar las sensaciones; simplemente permíteles ser lo que son y que aparezcan y desaparezcan.

Cuando tus pensamientos se alejen de aquello a lo que has de prestar atención, tráelos de vuelta con suavidad (y sin autocrítica). Es de esperar que tengas que hacerlo con frecuencia. Es una parte normal de la meditación de atención plena y no significa que lo estés haciendo mal.

Es probable que la meditación te aporte más beneficios si la practicas con regularidad y durante periodos de tiempo más largos en cada sesión. Sin embargo, si te soy sincera, yo medito sobre todo cuando me siento agobiada, inquieta y dispersa y necesito ayuda para calmar mis pensamientos. Si quieres usar la meditación solo cuando la necesites, intenta antes practicarla durante treinta días seguidos para que le cojas el tranquillo. Cuando hayas practicado la meditación con regularidad durante un tiempo, te resultará mucho más natural cuando quieras recurrir a ella.

Si intentas meditar cuando ya estás rumiando o cuando tus pensamientos están acelerados (por ejemplo, porque tienes demasiadas cosas que hacer), es posible que no te resulte demasiado relajante. Pero seguirá funcionando.

Define tus opciones

Con frecuencia, cuando alguien está dando vueltas a su rueca de rumiación sobre un problema en particular, no define concretamente cuáles son sus opciones para seguir adelante. Para salir de la rumiación y pasar al modo de resolución de problemas, define de manera concreta y realista cuáles son tus mejores opciones (entre tres y seis). Por ejemplo, imagina que hace poco has contratado a alguien, pero no está funcionando bien. En lugar de darte de bofetadas mentalmente por haberte equivocado en el proceso de selección, te sería mucho más útil definir las opciones de que dispones:

- Darle más tiempo al empleado.
- Darle tareas más sencillas.
- Darle listas con los pasos específicos para completar cada tarea.
- Hacer que otro empleado trabaje con él.
- Despedirlo.

Definir tus opciones alivia parte del estrés de la rumiación y te ayuda a activar un modo efectivo de resolución de problemas. Conviene que la lista de opciones sea breve, para evitar el problema de la sobrecarga de opciones. Las investigaciones demuestran que tener más de entre tres y seis opciones reduce la probabilidad de acabar tomando una decisión.[11]

Experimento. Practica la definición concreta de tus entre tres y seis mejores opciones para resolver el problema sobre el que estés rumiando o que te esté preocupando últimamente. Escribe breves ideas clave, como en el ejemplo que te acabo de dar. Puedes usar este método para todo tipo de problemas. Por ejemplo, una amiga lo usó para pensar en ideas de cómo tener más contacto social en su vida.

Nota: si la palabra *mejores* activa tu perfeccionismo o te bloquea, escribe simplemente las tres o seis opciones que se te ocurran.

Si te has quedado muy muy atascado en la rumiación, recurre a la exposición imaginaria

Si no paras de revivir mentalmente situaciones pasadas y el resto de las estrategias no te funciona, puedes usar una técnica llamada *exposición imaginaria*. Es una técnica clínica que se usa en terapia, por lo que, en este caso, te pido que sigas las instrucciones tal cual, sin adaptarlas. Léelas en su totalidad antes de decidir si quieres probar esta técnica. Es potente, pero suele resultar muy eficaz.

La exposición imaginaria es una técnica en la que recuerdas vívidamente una situación que has estado rumiando, como, por ejemplo, un colega que te ha señalado un error embarazoso que has cometido. También puedes usar la exposición imaginaria para un pensamiento de preocupación (algo que todavía no ha sucedido).

Para empezar, recuerda todas las imágenes y sonidos de la situación pasada (o temida) con tanto detalle como puedas. Por ejemplo, si estás recordando una situación que ya ha sucedido, quizá recuerdes que te ruborizaste de vergüenza y que el resto de las personas te miraron raro o se echaron a reír. También puedes recordar detalles sobre cómo era la habitación, la temperatura, si la luz del sol entraba por la ventana, etc. Recupera vívidamente en tu mente la imagen de la situación embarazosa o de preocupación.

Lo siguiente se basa en el principio de que los síntomas de ansiedad remiten de forma natural si no se usan estrategias de huida o de evitación. Mantén deliberadamente la imagen en tu mente hasta que tu ansiedad se reduzca a la mitad (o menos) del nivel inicial. Por ejemplo, si recordar vívidamente la situación ha desencadenado una ansiedad inicial de 8 sobre 10, mantén la imagen en tu mente hasta que tu ansiedad descienda aproximadamente a un 4. Repite el ejercicio de exposición imaginaria al menos una vez al día hasta que puedas recuperar la imagen en tu mente sin desencadenar más de la mitad de la ansiedad máxima que experimentaste la primera vez que probaste la exposición imaginaria.

Las técnicas de exposición como esta son algunas de las formas más potentes para resolver problemas con pensamientos intrusivos cuando un suceso sigue causándonos malestar mucho tiempo después haber ocurrido. Usa la técnica solo si crees que puedes manejarla. Puedes utilizarla tanto para recuerdos recientes como para otros más lejanos. Si tienes que lidiar con un trauma real, espero que uses el sentido común y acudas a un terapeuta para que te ayude a gestionar ese tipo de recuerdos. Procedimientos basados en la exposición similares a estos son efectivos para los recuerdos traumáticos, pero un terapeuta con experiencia en el tratamiento de traumas te ayudará a controlar la intensidad del procedimiento para que no te sientas excesivamente abrumado durante el proceso.

CAMBIOS CONDUCTUALES PARA LIDIAR CON LA RUMIACIÓN Y LA PREOCUPACIÓN

Pasa a la acción si rumias debido al afrontamiento evitativo

Si estás rumiando porque estás posponiendo tratar algún problema, tomar cualquier medida que te haga pasar a la acción para abordar lo has estado evitando acostumbra a aliviar la rumiación. La mayoría de las veces, no hará falta que resuelvas por completo el problema para aliviar la rumiación. Por ejemplo, puede bastar con enviar un correo electrónico o hacer una llamada para poner las cosas en marcha. Si tu rumiación se ha desencadenado por el afrontamiento evitativo, consulta el capítulo 8 para obtener más información y estrategias.

Sustituye las conductas que empeoran tu rumiación y tu preocupación

Usar estrategias para aliviar la rumiación y la preocupación no tiene demasiado sentido si, al mismo tiempo, añades leña a esos fuegos. La autocrítica alimenta esos fuegos, y también lo hacen la búsqueda excesiva de seguridad, pasar horas buscando en internet información sobre cuestiones de salud o visitar compulsivamente la página de Facebook de tu ex.

Identifica las conductas que parecen proporcionarte un alivio temporal de la ansiedad, pero que, en realidad, te hacen sentir que tienes que repetirlas. Si no puedes detener estas conductas por ti mismo, acude a un terapeuta cognitivo-conductual.

Reduce el pensamiento excesivo capturando las ideas a medida que surjan

Si tienes un teléfono inteligente, usa una aplicación de notas para ir apuntando las ideas a medida que se te ocurran. Así aliviarás el estrés de intentar recordarlas luego. Evita la frustración de recordar que tuviste una idea fantástica, pero eres incapaz de recordar qué era, y libera espacio mental para que surjan más ideas.

Al igual que sucede con el resto de las estrategias contra la ansiedad, es posible que te excedas con la toma de notas. Si te das cuenta de que la toma de notas se está convirtiendo en algo obsesivo, te alteras cuando por algún motivo no puedes escribir algo o acabas con listas tan largas que procesarlas se vuelve estresante y no puedes resolver el problema tú solo, busca ayuda profesional.

Desatasca el pensamiento rumiante haciendo preguntas

¿Alguna vez le has pedido consejo a alguien y, cuando te lo ha dado, has visto que podrías haber encontrado la solución tú solo? Puedes usar este efecto en tu beneficio. Haz preguntas como estrategia para desatascar el pensamiento. Al plantear preguntas puedes obtener nueva información que te resulte útil, o el mismo proceso de formular las preguntas puede estimular tu propio pensamiento.

A veces, incluso las respuestas que no son útiles te ayudan a avanzar, porque te motivan para definir tu problema de otra manera. Esto sucede con frecuencia cuando alguien malinterpreta una pregunta y te da una respuesta poco útil o irrelevante, lo que te obliga a reformular la pregunta con más claridad.

Puedes formular preguntas haciendo llamadas telefónicas, consultando a un asesor, colgando las preguntas en Facebook o en un foro en línea o contratando a alguien a quien puedas preguntar. Por ejemplo, cuando mi cuñado estaba aprendiendo programación informática de forma autodidacta, contrató a un programador con más experiencia para poder plantearle preguntas cuando se quedaba atascado. Fue una estrategia brillante y mucho más barata que estudiar en la universidad.

CAPÍTULO 6

PERFECCIONISMO PARALIZANTE

Cómo impedir que las altas exigencias del tipo equivocado te aparten de tu camino

Cuando te esfuerzas para alcanzar tus objetivos, la situación ideal es que disfrutes de los éxitos que has logrado por el camino y te tomes los contratiempos con calma. Sin embargo, el perfeccionismo asociado a la ansiedad puede interponerse en el camino. Este capítulo te ayudará a aprender a centrarte en el panorama general. Aprenderás estrategias de afrontamiento alternativas para evitar que te quedes atrapado en tipos de perfeccionismo que no te ayudan en absoluto.

Completa el siguiente test para ver si este capítulo guarda relación contigo. Elige las respuestas que mejor se ajusten a ti. Si ninguna de ellas coincide con exactitud, selecciona la que más se aproxime.

1. **¿Con qué frecuencia te asalta el miedo a no ser lo bastante bueno?**
   a. Nunca.
   b. A veces.
   c. A menudo.

2. **¿Con qué frecuencia te preocupan cosas que no son importantes en el marco general de las cosas?**
   a. Nunca.

b. A veces.

c. A menudo.

3. **¿Con qué frecuencia te sientes frustrado por el ritmo de tu éxito?**

   a. Nunca o casi nunca.

   b. A veces.

   c. A menudo.

4. **¿Cómo reaccionas cuando otras personas obtienen mejores resultados que tú?**

   a. Aunque aspiro a lograr resultados extraordinarios, no me asusto si otras personas lo hacen mejor que yo en alguna ocasión.

   b. Cuando mis iguales tienen éxito, siento cierta ansiedad por la comparación social.

   c. Si no lo hago mejor que todos los demás, tiendo a sentir que he fracasado.

5. **Cuando estás trabajando en un proyecto a gran escala, de varias semanas, y empiezas a pensar «No estoy seguro de si podré hacer esto», ¿cuál es tu respuesta habitual?**

   a. Me tomo un descanso e identifico algunos de los aspectos más sencillos de la tarea que puedo tachar de la lista para recuperar la confianza en mí mismo.

   b. Me preocupa la posibilidad de que mi pensamiento negativo sea cierto, pero sigo trabajando.

   c. Me deprimo, automáticamente llego a la conclusión de que mi pensamiento pesimista ha de ser cierto y me paso la hora siguiente navegando por páginas de cotilleo en internet para calmarme.

6. **¿Qué tal se te da gestionar tu fuerza de voluntad?**
   a. Siempre conservo algo de fuerza de voluntad de reserva para poder mantener la calma cuando me hallo en situaciones inesperadas.
   b. No la pierdo con otras personas, pero muchas veces tengo la sensación de que apenas me queda fuerza de voluntad.
   c. Me quedo sin fuerza de voluntad con frecuencia y acabo haciendo cosas que luego lamento, como engullir un bote de helado entero o gritar a mis seres queridos.

7. **¿Pasas de proyecto inacabado a proyecto inacabado cuando te invade la falta de seguridad en ti mismo?**
   a. No. Estoy dispuesto a abandonar proyectos, pero basándome en datos objetivos que demuestren que fue una mala idea, no por la falta de seguridad en mí mismo.
   b. A veces.
   c. Sí. Mi casa y mi disco duro están repletos de cosas que empecé, pero nunca llegué a terminar.

A continuación, tienes la interpretación de los resultados.

Mayoría de A

El perfeccionismo no es un problema para ti. Parece que se te da bien gestionar tu fuerza de voluntad y tus prioridades y tomarte con calma los contratiempos temporales. Confías en tu capacidad para asumir los proyectos que te interesan. Cuando la inseguridad asoma la cabeza, lo entiendes como algo temporal. Seguramente leerás este capítulo con rapidez, pero puedes aprender algunos detalles interesantes que te ayudarán a optimizar tus estrategias de afrontamiento.

Mayoría de B

Hay margen de mejora en cómo gestionas tu fuerza de voluntad, tu creatividad, tu seguridad en ti mismo y tu energía. Confías en tus habilidades la mayor parte del tiempo, pero que tus iguales tengan éxito o te frustre cómo avanza algo puede provocarte cierto grado de inseguridad en ti mismo y respuestas de afrontamiento ineficaces. Las estrategias que encontrarás en este capítulo te ayudarán a mantener la atención en el panorama general, sin perder el rumbo por contratiempos o problemas de poca importancia.

Mayoría de C

Según tus respuestas, te cuesta gestionar tu confianza en ti mismo y tu fuerza de voluntad a la hora de establecer prioridades en tu trabajo y afrontar los contratiempos y las imperfecciones. Los pensamientos de inseguridad tienden a desviarte de tu propósito y te llevan a renunciar o a trabajar en exceso de manera ineficaz. Solo te sientes seguro de ti mismo cuando obtienes resultados mejores que los de tus iguales. Las estrategias de este capítulo te ayudarán a cambiar tus respuestas C por las A.

El perfeccionismo es un factor de riesgo para desarrollar problemas de ansiedad.[1] No todas las personas ansiosas son perfeccionistas, pero si tú sí lo eres, este capítulo es para ti.

CAMBIOS DE PENSAMIENTO PARA LOS TIPOS DE PERFECCIONISMO QUE NO AYUDAN

Los patrones de pensamiento asociados a la ansiedad pueden contribuir a problemas como dar prioridad al tipo incorrecto de tareas, sentirse quemado o frustrarse intensamente cuando los resultados no son tan rápidos o tan constantes como desearíamos. A continuación te explico por qué.

Identifica el pensamiento dicotómico

Los perfeccionistas ansiosos suelen pensar «Tengo que actuar de forma impecable en todo momento», y su supuesto subyacente es «o de lo contrario será un desastre». Se trata de un tipo de trampa de pensamiento habitual denominada *pensamiento dicotómico* o *en blanco y negro*. En este caso, la dicotomía es que la actuación solo puede ser impecable o catastrófica, no hay término medio.

Este estilo de pensamiento no solo puede hacer que te sientas hundido cuando no cumples con tus autoexigencias ideales, sino que, con mucha frecuencia, también conduce a la parálisis por perfeccionismo. Piensa, por ejemplo, en un pintor que solo ve dos posibilidades en su futuro profesional: o bien se convierte en el siguiente Picasso o bien será un pintor fracasado y arruinado; no ve ninguna otra posibilidad intermedia. Es fácil ver cómo esto podría provocar un bloqueo creativo en el artista.

Otras personas pueden partir de un supuesto oculto ligeramente distinto: «O actúo de forma impecable todo el tiempo o los demás me rechazarán». Cuando pienso en mi época de formación en psicología clínica, me doy cuenta de que entonces tenía esa creencia. En un nivel semiconsciente, pensaba que la única manera de evitar que me expulsaran del programa era obtener la mejor calificación de la clase en todos los exámenes o trabajos.

La exigencia excesiva a menudo surge porque una persona está intentando ocultar defectos catastróficos imaginarios.[2] En esta situación, suelen pensar que, si se descubren sus defectos, serán rechazados, por lo que la única manera de ocultar sus defectos es sobresalir siempre. Cuando las personas que tienen esta creencia sobresalen, su cerebro llega automáticamente a la conclusión de que sobresalir es el único motivo por el que lograron evitar la catástrofe. Y eso perpetúa su creencia de que han de seguir logrando la excelencia para prevenir futuras catástrofes.

Los investigadores usan el término *perfeccionismo clínico* para describir el tipo de perfeccionismo más problemático. Cuando los perfeccionistas clínicos consiguen satisfacer sus altísimas exigencias, a menudo concluyen que esas exigencias no debían de ser lo suficientemente altas y las revisan al alza, lo que significa que nunca pueden alcanzar una sensación de paz.[3]

Dicho esto, no estoy sugiriendo que, si eres capaz de

alcanzar la excelencia, te tengas que conformar con resultados *aceptables*. La mayoría de los perfeccionistas ansiosos con los que he trabajado no lo soportarían. No está en su naturaleza sentirse cómodos con un resultado mediocre. Lo que te voy a recomendar en este capítulo son ajustes sutiles en tus autoexigencias. Estos ajustes te ayudarán a establecer exigencias igualmente ambiciosas (o incluso más), pero evitarán algunos de los problemas causados por el perfeccionismo.

Experimento. Pregúntate si la trampa del pensamiento dicotómico es un problema para ti. En caso afirmativo, reflexiona acerca de lo siguiente:

1. Es posible que los defectos que crees tener no sean tan graves en la realidad como lo son en tu mente. Quizá los demás les den menos importancia de lo que crees. ¿Puedes pensar en algún defecto que creas tener y del que se pueda decir esto?

2. Lograr la excelencia en todo momento no es realista, como tampoco lo es obtener siempre los mejores resultados, sobre todo si te relacionas con personas que también son inteligentes. A veces, los perfeccionistas ansiosos evitan estar junto a otras personas con mucho talento porque desencadena en ellos la comparación social y la falta de seguridad en sí mismos. Y esto es una forma de autosabotaje, porque las personas inteligentes estimulan el pensamiento inteligente en los demás (es el principio «el hierro con hierro se aguza»). ¿Evitas situaciones que desencadenan la comparación social?

3. Cree un poco en los demás. ¿Por qué habrían de

olvidar todas las cosas extraordinarias que has conseguido hasta ahora solo porque en algún momento tu rendimiento no haya sido tan alto como de costumbre?

Pasa de la orientación al rendimiento a la orientación al dominio

Hay una manera de mantener tus exigencias altas, pero evitando los problemas que conlleva el perfeccionismo. Si puedes cambiar tu pensamiento de una orientación al rendimiento a una orientación al dominio, te volverás menos temeroso, más resiliente y más abierto a buenas y nuevas ideas. La orientación al rendimiento se da cuando tu máxima prioridad es demostrar tu capacidad para hacer algo bien ahora. La orientación al dominio se da cuando te centras sobre todo en mejorar tus habilidades.[4] Una persona orientada al dominio pensaría «Mi objetivo es dominar estas habilidades» en lugar de «Tengo que rendir bien para demostrar mi valía».

La orientación al dominio puede ayudarte a persistir pese a los contratiempos. Para ilustrarlo, piensa en la siguiente situación: Adam está intentando dominar el arte de hablar en público. Como su objetivo es el dominio, es probable que aproveche cualquier oportunidad posible para practicar sus discursos. Cuando se encuentre con alguna dificultad, estará motivado para intentar entenderla y volverá a intentarlo. La orientación al dominio aumenta las probabilidades de que sea constante en el esfuerzo por conseguir su objetivo. Comparémoslo con Rob, orientado al desempeño, al que solo le preocupa demostrar su competencia cada vez que da una charla. Lo más probable es que Rob asuma menos riesgos en su estilo de presentación y esté menos dispuesto a salir de su zona de confort. Si durante alguna charla tiene un percance y las cosas no le salen tan bien como esperaba, es probable que empiece a evitar las oportunidades de hablar en público.

Los objetivos de dominio te ayudarán a evitar que los fallos puntuales te afecten demasiado. Aumentarán tu disposición a identificar en qué te has equivocado, y te ayudarán a evitar que te vuelvas tan excesivamente autocrítico que pierdas la confianza en tu capacidad para corregir los errores.

Un objetivo de dominio también puede ayudarte a establecer prioridades: podrás decir que sí a lo que te acerque a tu objetivo de dominio y no a aquello que no lo haga. Y esto es fantástico si no toleras la incertidumbre, porque te da una dirección clara y una regla general para tomar decisiones acerca de qué oportunidades aprovechar.

Experimento. ¿Cuál es tu objetivo de dominio más importante en este momento? Completa la frase: «Mi objetivo es dominar las habilidades necesarias para ___». Por ejemplo, criar a tus hijos, convertir en compradores a más visitantes a tu página web, invertir en bienes inmuebles o la autocompasión. Basándote en el objetivo de dominio que hayas elegido, responde a las preguntas siguientes. Sé tan específico como te sea posible.

Las personas con tu mismo objetivo de dominio:

1. ¿Cómo reaccionarían ante los errores, contratiempos, decepciones y estados de ánimo negativos?
2. ¿Qué tareas priorizarían para trabajar en ellas? ¿A qué tipo de tareas darían menos prioridad?

3. ¿Cómo reaccionarían cuando hubieran invertido mucho tiempo en algo y luego se dieran cuenta de que una estrategia o una idea concretas no tenían el potencial esperado?

4. ¿Cómo se asegurarían de estar optimizando su aprendizaje y su adquisición de habilidades?

5. ¿Cómo reaccionarían cuando se sintieran ansiosas?

Detecta el error de pensamiento de la minimización

Los perfeccionistas ansiosos tienden a minimizar sus logros. Por ejemplo, un chef puede despreciar cualquier premio que no sea una estrella Michelin por considerar que «no son para tanto».

Experimento. De tus logros y habilidades, ¿cuáles tiendes a infravalorar? ¿Confiarías más en ti si vieras tus logros y tus habilidades actuales de un modo más realista en lugar de minimizarlos?

Acepta el ritmo del éxito

¿Alguna vez te sientes frustrado cuando no logras el éxito tan rápidamente como te gustaría? Por ejemplo, tras graduarme y mudarme a Londres, tardé un mes en encontrar trabajo. En aquel momento, me pareció una eternidad. Era un manojo de estrés andante y contaba hasta la última libra que me gastaba mientras no tenía ingresos. Ahora, al echar la vista atrás, me parece absurdo que pensara que un mes era mucho tiempo para conseguir mi primer trabajo después de graduarme y en un nuevo país. Las señales objetivas apuntaban a que iba en la dirección correcta. Estaba consiguiendo entrevistas para empleos fantásticos. Era mi excesiva autoexigencia lo que me causaba la ansiedad. Recordar esa experiencia me ayuda siempre que me impaciento por el ritmo del éxito.

Practicar la aceptación de que la productividad y los resultados pueden tardar en llegar y de que, con frecuencia, son cíclicos, te ayudará a aliviar la ansiedad que puedas sentir por el ritmo de tu éxito.

Experimento. Plantéate las preguntas siguientes:

1. ¿Aceptar el ritmo al que se producen los resultados y el progreso beneficiaría a alguna faceta de tu vida?
2. ¿Hay pruebas objetivas que sugieran que vas por buen camino y que ver resultados positivos es simplemente cuestión de paciencia y de seguir trabajando metódicamente?
3. ¿Cómo cambiaría el modo en que te hablas a ti mismo si aceptaras el ritmo del éxito? ¿Qué te dirías? Recuerda el trabajo que hemos hecho con la autocompasión en el capítulo anterior. Vuelve a ese material si necesitas refrescar la memoria o si te has saltado el capítulo.

Gestiona el pensamiento de «Lo que tengo que hacer es esforzarme más» para evitar quemarte

Los perfeccionistas ansiosos a menudo se ven impulsados a esforzarse mucho por una espiral en la que se combinan la ambición, la meticulosidad y el miedo a que no hacer un esfuerzo adicional desemboque en una catástrofe. Cuando algo no sale como estaba previsto, pueden ser víctimas del error de pensamiento de «Lo que tengo que hacer es esforzarme más».

Este error de pensamiento no es exclusivo de las personas ansiosas. Por ejemplo, es uno de los errores de pensamiento que hacen que la gente fracase con las dietas una y otra vez. Cuando no les funciona una dieta, tienden a atribuirlo a que no se han esforzado lo suficiente. Entonces, se prometen que se esforzarán más, pero no implementan ninguna estrategia que, objetivamente, pueda contribuir a un mayor éxito. Las personas que caen en esta trampa tienden a seguir insistiendo en estrategias fallidas esperando resultados distintos.

Te daré un ejemplo de cómo caigo yo misma en esta trampa de pensamiento y lo que hago para superarla: sé por experiencia que escribir unas 750 palabras al día es el objetivo de escritura ideal para mí. Cuando me fijo como objetivo diario un número mayor de palabras, me siento sobrepasada y termino procrastinando. Y acabo haciendo menos cosas en general. Cuando todo va bien, suelo ceñirme a ese objetivo mínimo. Sin embargo, cuando me empiezo a cansar, tiendo a aumentar el objetivo porque me siento ansiosa por no estar haciendo lo suficiente. Para sortear esta trampa, lo único que debo hacer es reconocer cuándo necesito tomarme un descanso durante uno o dos días, pero manteniendo mi objetivo constante cuando retome el trabajo. Cuando me siento ansiosa o frustrada, tengo que resistir la tentación de trabajar más de la cuenta.

Este patrón se puede representar como un conjunto de diagramas de flujo:

Patrón de trampa

Ansiedad/frustración

Error de pensamiento «Lo que tengo que hacer es esforzarme más»

Aumentar mis objetivos

↓

Sentirme más ansiosa y, probablemente, procrastinar

Patrón más útil

Ansiedad/frustración

Error de pensamiento «Lo que tengo que hacer es esforzarme más»

Detectar la trampa de pensamiento

↓

Descansar

↓

Reanudar la tarea y mantener el objetivo conductual que sé que me funciona

Experimento. Dibuja diagrama de flujo que represente uno de tus patrones de trampa y un patrón más útil, como acabo de hacer yo. El diagrama te mostrará cómo están conectados tus pensamientos, sentimientos y conductas. El esquema general es el siguiente; solo tienes que rellenar los espacios en blanco.

Patrón de trampa

Ansiedad/frustración

↓

Error de pensamiento «Lo que tengo que hacer es esforzarme más»

↓

Tu patrón conductual inútil: _____

Patrón más útil

Ansiedad/frustración

↓

Error de pensamiento «Lo que tengo que hacer es esforzarme más»

↓

Detectar la trampa de pensamiento

↓

Un patrón conductual más útil: _____

La capacidad de crear tus propios diagramas de flujo cognitivo-conductuales es una habilidad psicológica avanzada, pero si estás dispuesto a aceptar el reto, puede resultarte muy útil. Cualquiera de los materiales que se presentan en este libro pueden representarse mediante diagramas de flujo.

Gestiona el pensamiento de todo o nada

Al igual que sucede con el pensamiento en blanco y negro, el pensamiento de todo o nada se da cuando te resulta difícil ver el término medio. O bien te excedes con las cosas (todo) o bien las evitas por completo (nada). Por ejemplo, quizá creas que si vas a empezar a usar las redes sociales has de estar en Facebook, Twitter, Pinterest, Instagram y cinco redes sociales más. O bien intentas abarcar más de la cuenta siguiéndolas todas o bien acabas evitando totalmente las redes sociales.

Los perfeccionistas ansiosos son especialmente propensos a esta trampa porque la ansiedad hace que el pensamiento se vuelva más rígido. Cuando eliges la opción «nada», tu tasa de éxito disminuye porque estás evitando cosas nuevas. Elegir la opción «todo» puede llevar a asumir demasiado, al agotamiento y a errores debidos al cansancio. Detectar este error de pensamiento y aprender a buscar el término medio te ayudará muchísimo a aliviar la ansiedad. La trampa del todo o nada es, junto con las predicciones negativas, uno de los sesgos cognitivos clave en la mayoría de las personas ansiosas.

Experimento. ¿Hay algún área de tu vida en la que actualmente te sientas ansioso o abrumado porque te has estado excediendo? ¿Hay algún término medio que no hayas considerado hasta ahora?

En el capítulo 8, que aborda la evitación, volveremos a hablar de esta trampa.

Gestiona el pensamiento «Esto es demasiado difícil para mí»

A los perfeccionistas ansiosos les gusta sentir que lo tienen todo bajo control. Cuando piensan: «Esto es demasiado difícil para mí», suelen considerar que se trata de un hecho, en lugar de reconocerlo como una posible falsa alarma inducida por la ansiedad. Recuerda que, si tiendes a la ansiedad, tu sistema de ansiedad está predispuesto a las falsas alarmas, es decir, a registrar peligros que no existen.

Los pensamientos solo son pensamientos; el problema es que damos por ciertos los pensamientos y confundimos los sentimientos con los hechos. Esto se explica en parte por el sesgo de memoria: tu cerebro tenderá a recordar eventos pasados que coincidan con tu estado de ánimo actual.[5] Como el estado de ánimo actual ejerce un efecto muy potente en los pensamientos, tratar de recordar conscientemente las pruebas de que eres hábil y tienes talento no te resultará muy auténtico ni convincente cuando te sientas bajo de ánimos. Si sabes que tu cerebro funciona así, podrás descartar algunos de los pensamientos negativos que tienes cuando estás decaído. Tus pensamientos mejorarán de forma natural cuando mejore tu estado de ánimo. Por lo tanto, muchas veces, recuperar la confianza en ti mismo solo es cuestión de ser paciente y de esperar a que remita el estado de ánimo negativo o ansioso.

Experimento. ¿Ha habido algún momento en el pasado en el que hayas pensado «esto es demasiado difícil para mí» donde el pensamiento haya sido una falsa alarma y hayas conseguido hacer aquello que temías que fuera demasiado difícil para ti? Identifica un ejemplo de ello. No tiene por qué ser nada enorme. Un ejemplo pequeño bastará.

Cambia tu percepción de lo que es una buena idea

Los perfeccionistas ansiosos acostumbran a tener expectativas elevadísimas sobre lo que significa ser bueno generando ideas. Pueden pensar: «Como no he creado una empresa multimillonaria en mi garaje a los veintiún años, está claro que no soy una persona con ideas y estoy condenado a la mediocridad». ¿Te parece excesivamente perfeccionista?

Sumadas a la ansiedad, las expectativas excesivas obstaculizan la generación de ideas. Las personas se atascan en el pensamiento rumiante: «¿Por qué no se me ocurre nada?». Obviamente, esto intensifica la ansiedad y hace que resulte aún más difícil pensar en algo. Es posible que te quedes atascado cuando necesitas generar ideas porque crees que se te tiene que ocurrir algo absolutamente único cuando, en realidad, todas las ideas se basan siempre en otras ideas. Si entiendes el proceso de generación de ideas como la recuperación de información de tu base de conocimiento actual, quizá te sientas menos bloqueado.[6] Si opinas que generar ideas es como mirar una página en blanco, no es de extrañar que tengas una respuesta de ansiedad de bloqueo (o de huida). En lugar de eso, intenta responder a estas preguntas:

- ¿Qué sé ahora que sea relevante para resolver el problema o para responder a mi pregunta?
- ¿Cómo podría replicar algo que ya he hecho con éxito en el pasado, pero dándole un toque distinto?
- ¿Cómo podría combinar dos conceptos que podrían unirse aunque no suela hacerse? (como *croissant* + dónut = *cronut*).
- ¿Cómo podría tomar un método de éxito y replicarlo cambiando algunos elementos? (Por ejemplo, ves el título de un artículo de blog que se ha vuelto viral y copias el formato para el título de un artículo que estás escribiendo sobre otro tema.)

Experimento. Intenta pensar en un método de éxito y en cómo podrías replicar ese método, pero con ingredientes distintos.

CAMBIOS CONDUCTUALES PARA SUPERAR LOS TIPOS DE PERFECCIONISMO QUE NO TE AYUDAN

Ahora que ya estás familiarizado con los sesgos de pensamiento comunes que provocan que los perfeccionistas ansiosos se atasquen, pasemos a los ajustes de conducta/comportamiento que pueden ayudarte a mantener la calma, la confianza y la motivación.

Gestiona tu fuerza de voluntad, no tu tiempo

Los perfeccionistas ansiosos tienden a agotar sus depósitos de energía mental, en lugar de mantener un poco de reserva. Cuando las personas actúan de maneras inconsistentes con sus valores y sus objetivos, suele deberse a que se han quedado sin fuerza de voluntad, no a que se hayan quedado sin tiempo.

Me gusta pensar en la fuerza de voluntad como en la RAM de los ordenadores. La RAM es el tipo de memoria que tu ordenador usa para ejecutar tus programas y aplicaciones, y es distinta a la que usa para almacenar tus fotografías y documentos. Cuando ejecutas demasiados programas o aplicaciones a la vez, tu sistema se cuelga y se bloquea. Te tienes que asegurar de contar siempre con una reserva de fuerza de voluntad por si tienes que tomar decisiones sobre la marcha y controlar tus reacciones. Si tu depósito de fuerza de voluntad está demasiado bajo, acabarás tomando malas decisiones o explotando con los demás. A continuación encontrarás algunas estrategias que te ayudarán a conservar más fuerza de voluntad.

- Reduce el número de tareas que intentas hacer a diario a una cantidad muy pequeña. Identifica siempre cuál es la más importante y asegúrate de que la terminas. Puedes agrupar tareas triviales, como responder a correos electrónicos o pagar facturas en línea, y contarlas como una sola.
- Recarga tu fuerza de voluntad haciendo las tareas lentamente. Mi amiga Toni Bernhard, la autora de *Viaje hacia el despertar: Una guía espiritual para navegar por las alegrías y las tristezas*, recomienda hacer una tarea a una velocidad un 25 por ciento inferior a la habitual.[7] No digo que lo debas hacer siempre y con todas las tareas, sino solo cuando te sientas disperso o agobiado. Reducir la velocidad de esta manera se considera una forma de práctica de atención plena.
- Otra manera de recargar tu fuerza de voluntad es hacer algunas respiraciones lentas o alguno de los ejercicios de atención plena que hemos visto en el capítulo 5. Piensa en el uso de la atención plena como en una limpieza de los procesos que trabajan en segundo plano que no se han cerrado correctamente. Si empleas la atención plena para hacer una limpieza cognitiva, dejarás de malgastar energía mental en preocupaciones y rumiaciones.
- Reduce la toma de decisiones. Para muchas personas, sobre todo las que ocupan cargos de responsa-

bilidad o están criando a sus hijos, la vida implica una toma de decisiones constante.[8] La toma de decisiones consume la fuerza de voluntad. Averigua cómo puedes reducir la toma de decisiones sin que te resulte un sacrificio. Instaura rutinas (como qué comidas prepararás para cenar cada día de la semana) que eviten que tengas que tomar la misma decisión una y otra vez. Si no, cuando sea posible, también puedes delegar la decisión en otra persona. Deja que sea otro quien decida y libérate.

- Reduce el exceso de estimulación sensorial. Por ejemplo, cierra la puerta o ponte unos cascos antirruido. Así, evitarás tener que gastar capacidad de procesamiento mental en filtrar el exceso de estimulación. Este consejo es especialmente importante si eres una persona altamente sensible (si te lo has saltado, en el capítulo 2 encontrarás información sobre el tema).

Aprende a identificar las señales de que llevas demasiado tiempo insistiendo

Como la ansiedad hace que el pensamiento se vuelva rígido y estrecho, a veces nos puede llevar a insistir demasiado en alguna tarea. Como los perfeccionistas ansiosos tienden a ser meticulosos y no les gusta tener tareas pendientes flotando por su cabeza, son especialmente vulnerables a esta trampa. Aprende a identificar las señales que te indican que has de dejar de persistir. Por ejemplo, si trabajas en línea, una de tus señales de exceso de persistencia podría ser que lleves más de media hora navegando por un foro en busca de una solución a un problema y aún no la hayas encontrado. Esta sería una señal de que tomarte un descanso en intentar resolver tu problema podría resultar más eficaz que seguir dándole vueltas. Otro ejemplo podría ser que lleves más de diez minutos intentando convencer a tu pareja de algo. Le has explicado tu postura de varias maneras distintas y aún no os habéis puesto de acuerdo.

Define de manera objetiva y específica las señales que te indican que estás insistiendo demasiado. Así te será más difícil pasarlas por alto que si las defines de forma genérica.

Detente a medio camino, y no cuando ya estés completamente agotado o bloqueado

Como ya he dicho, los perfeccionistas ansiosos tienden a agotar por completo sus depósitos de fuerza de voluntad. Una de las maneras en que las que esto se manifiesta es que no dejan de trabajar hasta que están totalmente agotados o bloqueados. Y esto puede hacer que reanudar la tarea resulte muy poco atractivo, ya que tu recuerdo más reciente de la tarea será que no iba bien o que te sentías agotado mientras la hacías. Todos tenemos un sesgo de recencia, lo que significa que los recuerdos recientes tienden a ser los más destacados. No querrás que tu recuerdo más reciente de una tarea sea el de haberte quedado bloqueado o agotado.

Experimenta con cómo te sientes si dejas de trabajar mientras aún estás a pleno rendimiento y disfrutando con una tarea en lugar de hacerlo cuando ya estás exhausto y frustrado. Fíjate en si, de este modo, te resulta después más fácil tomar buenas decisiones. Por ejemplo, optas por una buena cena al final de una jornada dura.

Delega el control

Si alguna vez te han dicho que eres un maniático del control, has de saber que tu afición controladora y tu reticencia a dejar que otros hagan las cosas a su manera probablemente estén relacionadas con la ansiedad. Es posible que tus patrones de pensamiento tengan que ver con el miedo a que los demás no hagan las tareas de un modo que tú consideres aceptable, algo que puede ser o no cierto en cada caso concreto. También es posible que tu deseo de control esté relacionado con errores de pensamiento de «debería», como «debería ser capaz de hacerlo todo yo solo», o con el miedo a que necesitar ayuda sea un signo de debilidad.

Puedes probar el experimento conductual de delegar o asignar a otros las tareas que te abruman. Por ejemplo, si fueras programador informático y te quedaras atascado en algo, podrías trasladar el problema a Odesk.com o a una plataforma similar en lugar de persistir en el intento de resolverlo tú mismo. Comienza por delegar tareas pequeñas y que no sean críticas para ver cómo va. Delegar en otros requiere tolerar la incertidumbre y, a veces, también los resultados imperfectos. Intenta adoptar una visión global a la hora de decidir si delegar más tareas en otros es una buena inversión en general.

Si delegar en otros activa tu intolerancia a la incertidumbre, háblate con amabilidad acerca de tus sentimientos. Reconoce que llevar las riendas de todos los aspectos de tu vida te ayuda a sentirte seguro, pero reconoce también que te agota. Observa si ser tan controlador es uno de esos patrones conductuales que te ayudan a aliviar la ansiedad a corto plazo, pero la aumentan a largo plazo.

Ser excesivamente controlador es uno de esos patrones de ansiedad de «cuanto más lo haces, más necesitas hacerlo».

En el capítulo 2, hablamos de cómo la precaución y la cautela pueden resultar tanto útiles como excesivas. Del mismo modo, cuando se trata de ser controlador, puede serte de utilidad distinguir entre los tipos de control que te resultan útiles y los que no. Se trata de algo personal. Por ejemplo, habrá personas que no tendrán dificultades para gestionar unas reformas importantes en casa, mientras que, para otras, intentar controlarlas suponga someter a la relación de pareja a una presión excesiva. De nuevo, la clave reside en conocerse a uno mismo.

Mejora tu concentración en lugar de saltar de proyecto inacabado en proyecto inacabado

Aunque parece contradictorio, el perfeccionismo asociado a la ansiedad nos puede llevar a persistir demasiado en algunas tareas y a dejar otras inacabadas. Los perfeccionistas que no toleran la incertidumbre suelen saltar de proyecto en proyecto. Pueden comenzar varios planes de negocio, propuestas de subvenciones, solicitudes de empleo, guiones de películas o monólogos cómicos, proyectos de manualidades o novelas, y no terminar ninguno. Cuando la falta de seguridad en sí mismos comienza a aparecer, pueden desechar rápidamente una idea, en lugar de seguir con ella el tiempo suficiente para juzgar su potencial de forma realista.

Si vas rebotando de idea en idea, es muy posible que se deba a que te cuesta tolerar la incertidumbre de saber si la idea en la que estás trabajando va a funcionar. Si tienes la costumbre de no terminar las cosas, puede que te vaya mejor si te ciñes a un solo proyecto y lo terminas, en lugar de saltar a otro cuando te empieces a sentir inseguro.

Para ayudarte a reducir la tentación de saltar de tarea en tarea, limita tu exposición al exceso de información y de opciones. Por ejemplo, durante un tiempo, deja de leer blogs de tu sector.

CAPÍTULO 7

EL MIEDO AL *FEEDBACK* Y A LA CRÍTICA

Cómo gestionar tu sensibilidad ante las valoraciones externas

El *feedback* nos ayuda a mejorar, pero muchas personas ansiosas lo evitan porque pueden sentirse amenazadas. Evitarlo debido a la ansiedad puede conducir a un progreso más lento del que sería el óptimo para conseguir tus objetivos. Además, si te cierras al *feedback* o si reaccionas mal a él por la ansiedad que te provoca, tu relación con la persona que te lo haya dado se puede deteriorar. Este capítulo te ayudará a afrontar estos problemas habituales.

Completa el siguiente test para ver si este capítulo guarda relación contigo. Elige las respuestas que mejor se ajusten a ti. Si ninguna de ellas coincide con exactitud, selecciona la que más se aproxime.

1. **Estás pensando en pedir *feedback* sobre el trabajo que has hecho. ¿Hasta qué punto es probable que esperes una valoración negativa?**
   a. Suelo esperar un buen *feedback*, porque me considero una persona competente en general.
   b. La posibilidad de una respuesta negativa me pone nervioso, pero no me paraliza.
   c. Tiendo a asumir que el *feedback* será negativo.

2. **Cuando tu jefe te indica nueve cosas que haces bien y un área de mejora válida, ¿cómo sueles reaccionar?**

   a. Planifico algunas acciones sencillas que garanticen que seguiré recibiendo un *feedback* positivo.

   b. Me alegro de que el *feedback* haya sido positivo en general, pero el comentario negativo me incomoda.

   c. El único comentario negativo me irrita durante varios días o más.

3. **¿Qué confianza tienes en tu capacidad para afrontar un *feedback* negativo válido?**

   a. Creo en mi capacidad para hacer los ajustes necesarios.

   b. Sospecho que rumiaría durante un tiempo, pero sé que lo superaría tras una noche tranquila con una copa de vino y un maratón de Netflix.

   c. Creo que me dolería y me avergonzaría tanto que me costaría enfrentarme a la persona que me hizo esos comentarios si volviera a verla.

4. **¿Hasta qué punto eres propenso a personalizar el *feedback* negativo?**

   a. No acostumbro a personalizar el *feedback*.

   b. Lo personalizo, pero tengo la autoconciencia suficiente como para darme cuenta de que lo hago.

   c. Cuando recibo un *feedback* negativo, es como si fuera yo, y no el trabajo que he hecho, lo que no le gustara a la persona que me lo da.

5. **¿Qué probabilidad hay de que evites recibir un *feedback* del trabajo que haces?**
   a. No evito el *feedback*, me parece útil.
   b. Evito el *feedback* en algunas áreas de mi vida, pero no en todas.
   c. Solo recibo *feedback* si es absolutamente necesario; es peor que ir al dentista.

6. **Cuando alguien se comporta de un modo raro contigo y no hay un motivo evidente para ello, ¿cuál es tu reacción típica?**
   a. Pienso: «Podría deberse a algo que tenga que ver con ellos, y no conmigo. Como lo más probable es que nunca llegue a conocer el motivo de la conducta, no merece la pena darle demasiadas vueltas».
   b. Me preocupa haber hecho algo que haya ofendido a esa persona e intento mostrarme especialmente amable y servicial para arreglar la situación. La preocupación persiste durante varios días.
   c. Me molesta mucho; me paso días pensando en cuál podría ser el motivo de la conducta de esa persona.

7. **Cuando le preguntas a alguien si lo que llevas puesto te queda mal, ¿de verdad quieres saber la respuesta?**
   a. Sí.
   b. Sí, pero necesito que me lo digan con delicadeza.
   c. Ni hablar.

A continuación, tienes la interpretación de los resultados.

Mayoría de A

Por lo general, consideras que el *feedback* y la crítica son útiles y no te sientes amenazado por ellos. Si sientes una punzada de decepción cuando recibes un comentario negativo, eres capaz de ponerlo en contexto, sin hacer una montaña de un grano de arena. Te consideras capaz de gestionar el *feedback* porque ya lo has hecho con éxito en el pasado. Se te da bien recibirlo y hacer los cambios que sean necesarios. No sacas automáticamente la conclusión de que, si alguien te da una valoración negativa, significa que le caes mal a alguien. Es probable que la lectura de este capítulo te resulte fácil, pero seguro que encuentras información nueva.

Mayoría de B

Tienes cierta tendencia a esperar que el *feedback* sea negativo. Cuando la mayoría de los comentarios que recibes son positivos, pero hay alguno negativo, tiendes a tomarte los negativos muy a pecho. Aunque en muchas ocasiones aceptas que la valoración no es personal, hay otras en las que no puedes evitar personalizarlo. Este capítulo te será de ayuda a la hora de adoptar una postura más relajada ante el *feedback*.

Mayoría de C

Recibir *feedback* te provoca muchísima ansiedad. Hace que te sientas expuesto y muy vulnerable. Esperas que sea negativo y no confías en tu capacidad para resolver los problemas identificados en el proceso. Vives el *feedback* negativo como un ataque personal. Evitas recibirlo porque te conduce a un bucle de rumiación del que te resulta muy difícil salir, y lo temes hasta tal punto que evitarás oportunidades si estas implican una mayor exposición a él. Aunque es posible que nunca llegue a gustarte el *feedback*, este capítulo te ayudará a sentirte más cómodo con él y a evitarlo menos.

Este capítulo no trata de desactivar por completo tu sensibilidad a la crítica. Se trata de trabajar con tu sensibilidad natural y de aprender a evitar menos el *feedback*, aunque este desencadene sentimientos de vulnerabilidad. Aprenderás a reconocer los errores de pensamiento que podrían estar intensificando tu temor y probarás experimentos que te ayudarán a reconocer cuándo los beneficios de obtener información externa superan el malestar que el proceso te pueda producir.

CAMBIOS DE PENSAMIENTO PARA SENTIRTE MÁS RELAJADO CON EL *FEEDBACK*

Los experimentos de este apartado te ayudarán a entender tus procesos de pensamiento en torno al *feedback* y a orientar tus pensamientos en una dirección más equilibrada.

Pon a punto tu mente para aprovechar los beneficios del *feedback*

Cuando estás ansioso, es fácil pensar en el *feedback* como en un proceso tortuoso y doloroso psicológicamente. ¿Podrías reorientar esta forma de pensar dándote cuenta de algunos de sus beneficios?

- Es posible que descubras que has hecho algo bien.
- Es posible que descubras que detalles de tu trabajo que tú consideras menores son vistos como fortalezas importantes por otras personas.
- Es posible que tengas más éxito porque tu trabajo será mejor tras el *feedback*. Por ejemplo, alguien te da un consejo o te sugiere un cambio que mejora tu trabajo. Te das cuenta de que te gusta la nueva versión, pero nunca lo habrías probado si no te hubieran empujado en esa dirección.
- A través del *feedback* puedes obtener información nueva que te ayude a resolver problemas en los que estás atascado. Quien te proporciona la valoración puede ofrecerte información útil acerca de cómo resolvió en el pasado un problema similar al tuyo.
- Por último, el proceso de recibir *feedback* puede reforzar tu relación con la persona que te lo da. El vínculo puede salir reforzado de la experiencia.

Experimento. Prueba una de estas opciones (o ambas):
Opción 1: piensa en algún ejemplo concreto del pasado en el que el *feedback* negativo te haya sido útil.
Opción 2: repasa la lista completa de los beneficios del *feedback* y escribe un ejemplo de una situación concreta en la que recibiste dicho beneficio.

Identifica el coste de evitar el *feedback*

Quienes evitan el *feedback* se pierden sus beneficios (los de la lista anterior) y pagan un precio. Por ejemplo, puede que te preocupes durante más tiempo del necesario por cómo se percibirá tu trabajo. ¿Tiendes a pensar más en el dolor potencial de recibir *feedback* que en los costes de evitarlo? De ser así, puedes corregir este error de pensamiento de forma consciente. Este sesgo es otro ejemplo de un principio del que ya hablamos en el capítulo sobre la duda: las personas ansiosas tienden a pensar más en el perjuicio potencial de hacer algo que en el perjuicio potencial de no hacer nada.

Experimento. Responde a las preguntas siguientes para hacerte una idea general del coste que tiene para ti evitar el *feedback*. Escribe un ejemplo concreto para cada pregunta. Si no se te ocurre ninguno, déjalo reposar durante un par de días.

- ¿Alguna vez has evitado buscar *feedback* desde el principio solo para darte cuenta después de que esos comentarios te habrían evitado seguir en el camino equivocado durante tanto tiempo? ¿Cuándo?
- ¿Alguna vez has evitado el *feedback* solo para constatar más tarde que tu miedo a una valoración negativa era injustificado? ¿Durante cuánto tiempo te preocupaste innecesariamente? ¿Cómo lo viviste?
- ¿Ha habido alguna ocasión en la que tu predicción de un *feedback* negativo se hizo realidad, pero fue una experiencia mucho más llevadera de lo que habías anticipado? ¿Alguna vez has tenido una expe-

riencia en la que te has dado cuenta de que aplicar los cambios necesarios era mucho más fácil de lo que pensabas y de que te habías preocupado demasiado innecesariamente?

- ¿Qué buenas oportunidades has dejado pasar porque ni siquiera querías exponerte a la posibilidad de recibir un *feedback* negativo?

Corrige el miedo exagerado al *feedback*

Uno de los motivos por los que las personas ansiosas temen el *feedback* es que tienden a juzgar su propio desempeño con mayor dureza que los demás.[1] Si te sientes ansioso, es muy probable que sobrestimes la probabilidad de que cualquier valoración que recibas sea negativa: el error de pensamiento de las predicciones negativas.

Supón que necesitas recibir *feedback* sobre una presentación. Temes que te crucifiquen, que te digan que tu estilo como orador es terrible y que no te digan nada positivo. ¿Qué probabilidad sientes que hay de que se produzca ese resultado tan temido? Podrías decir: «Siento que hay un 99,9 por ciento de probabilidades». ¿Qué probabilidad real hay de que suceda? Piensas: «Objetivamente, ¿quizá el 50 por ciento? Es posible que tu respuesta del 50 por ciento aún sea una sobreestimación, pero al menos activa un cambio en la forma de pensar. Te advierte de que tus sentimientos de ansiedad están nublando tu percepción, al menos en parte.

Aunque pueda parecer extraño que las personas puedan cambiar de manera de pensar solo en función de si se les pide que piensen con su mente ansiosa o con su mente objetiva, en realidad no tiene nada de raro. Hay muchas investigaciones que demuestran que la manera de pensar de alguien puede cambiar en función de cómo se le pida que piense acerca de algo. Por ejemplo, en mi investigación doctoral pregunté a personas que tenían una relación romántica en qué medida la valoración que hacían de su pareja se ajustaba a la realidad. Los participantes reconocieron que tendían a ver a sus parejas de un modo más positivo de lo que la realidad justificaba.[2]

Experimento. Piensa en un área actual de tu vida en la que te resultaría útil recibir *feedback*, pero lo estás evitando. Plantéate las dos preguntas siguientes (responde en forma de porcentaje, como en el ejemplo).

- ¿Qué probabilidad siento que hay de que reciba una valoración muy negativa?
- ¿Qué probabilidad real hay de que la reciba?

Cree en tu capacidad para afrontar el *feedback* negativo

Al igual que todos tenemos un punto ciego en la visión, todos tenemos puntos ciegos cognitivos que nos pueden llevar a tomar decisiones que distan mucho de ser excelentes. Por ejemplo, piensas que lo que te has puesto te queda bien, cuando en realidad no es así. O creías que habías entendido lo que te había pedido tu jefe, pero luego te das cuenta de que no has seguido sus instrucciones tal como se esperaba. Como todos tenemos puntos ciegos, es inevitable cometer algunos errores y recibir *feedback* negativo. Por lo tanto, y a no ser que tengas pensado mudarte a una cueva, vas a necesitar un plan para saber cómo afrontarlo cognitiva y emocionalmente cuando te llegue. Más adelante abordaremos las estrategias conductuales, pero de momento trabajaremos en los aspectos cognitivos y emocionales.

Experimento. Piensa en una situación concreta en la que temas recibir un *feedback* negativo. Si tus temores se hicieran realidad:

- ¿Qué harías para aplicar los cambios necesarios?
- ¿Qué harías para aceptar tu sensibilidad a la crítica? ¿Cómo podrías hablarte con amabilidad sobre las emociones que sientes en lugar de criticarte a ti mismo por alterarte? ¿Cómo podrías ser paciente contigo mismo mientras experimentas esos sentimientos?
- ¿Qué harías para cuidar de ti mismo mientras esperas a que los sentimientos de dolor e irritación remitan? (Sí, volver a ver episodios de series de la década de 1990 es una respuesta totalmente aceptable.)[3]
- ¿A qué apoyo personal recurrirías para afrontar tus emociones? Por ejemplo, podrías hablar con un amigo.

Sé consciente de cuándo te derrumbas por un *feedback* ambiguo

La ansiedad puede hacer que se malinterprete la valoración recibida. Cuando alguien se siente ansioso, tiende a interpretar la información ambigua (y la falta de *feedback*) como algo negativo.[4] Por ejemplo, tu jefe se compromete a responder en un par de días a algo que le has pedido, das por sentado que eso significa que la respuesta será negativa. Otro ejemplo: puedes interpretar la falta de efusividad como una señal de que a esa persona no le impresionó tu trabajo. Si solo te dice «Gracias» cuando normalmente diría «Gracias, has hecho un gran trabajo», lo interpretas como algo negativo.

Experimento. ¿Puedes pensar en un ejemplo de alguna situación en la que hayas llegado a una conclusión negativa sobre un *feedback* ambiguo o en la que sea probable que lo hagas?

Sé consciente de cuándo interpretas el *feedback* negativo como peor de lo que es en realidad

Hay otra forma en la que la ansiedad puede hacer que las personas malinterpreten el *feedback* que reciben. Si alguien que se siente ansioso recibe una valoración ligeramente negativa, a menudo esa persona se derrumba y lo interpreta como mucho peor de lo que es en realidad. Por ejemplo, te hacen algún comentario sobre tu trabajo y, la primera vez que lo lees, los problemas que se señalan te parecen mucho más graves de lo que te parecerán cuando vuelvas a leerlo mañana.

Experimento. ¿Puedes pensar en alguna ocasión en la que te derrumbaras al recibir un *feedback* negativo y lo interpretaras como peor de lo que era?

Minimiza la personalización del *feedback*

Ya hemos hablado de la personalización en el capítulo dedicado a la rumiación, pero como la personalización del *feedback* es un error de pensamiento muy común, merece la pena volver a hablar brevemente sobre ella. Voy a incluir bajo el paraguas del *feedback* también las respuestas negativas a las peticiones, porque recibir un no como respuesta se puede considerar una forma de valoración. Por ejemplo, le preguntas a tu jefe si puedes asistir a un congreso y te dice que no. Te lo tomas como algo personal, cuando, en realidad, la respuesta tiene más que ver con cuestiones de presupuesto.

Otro ejemplo: aunque no eres propenso a dar tu opinión, reúnes el valor necesario para plantearle una idea a tu jefa. Ella te dice que no le entusiasma demasiado. Te sientes destrozado. Esos sentimientos negativos desencadenan pensamientos de pánico a que tu jefa te considere la persona menos inteligente de la oficina, cuando antes no pensabas así.

Para superar la personalización has de hacer dos cambios cognitivos. El primero es la atención plena. Necesitas entrenarte para considerar la posibilidad de que lo que haya pasado no sea personal. El segundo consiste en darte cuenta de que el *feedback* negativo no significa necesariamente que no le gustes a una persona, que no respete tus capacidades o que no reconozca tu potencial.

Experimento. ¿Alguna vez has subestimado las capacidades y el talento que los demás perciben que tienes? Piensa en algún ejemplo en el que hayas podido subestimar la percepción positiva que alguien tenga de ti.

Sé consciente del sesgo de hostilidad

La ansiedad (y el estrés) puede hacer que las personas sean más vulnerables al sesgo de hostilidad, un tipo de personalización en el que se atribuyen intenciones hostiles a los demás.[5] Por ejemplo, oyes a alguien reírse y asumes que se está riendo de ti. Para la mayoría de las personas, esto no sería más que un pensamiento fugaz antes de mirar a su alrededor, comprobar que no llevan los pantalones del revés y darse cuenta de que no hay ningún motivo para que las risas se deban a ellas.

El sesgo de hostilidad surge con frecuencia en el lugar de trabajo y en otros contextos grupales. Por ejemplo, alguien te hace una sugerencia, pero la vives como un ataque o una crítica. Quizá tengas una combinación de pensamientos ansiosos o irritados, como «¿Por qué es tan pedante?». Que la irritación esté justificada o no es irrelevante. Lo que importa es que, a veces, los pensamientos de este tipo hacen que una persona se sienta muy sola, como si fuera ella contra el mundo.

Experimento. ¿Puedes pensar en alguna situación en la que tiendas al sesgo de hostilidad? Por ejemplo, un compañero que te señala alguna errata sin importancia en un trabajo. ¿Qué perspectivas alternativas hay? Tu compañero está intentando ser útil, o es su problema porque está obsesionado con las erratas.

Cuando experimentas el sesgo de hostilidad, puede parecer que tus sentimientos de ira pasan de 0 a 100 en dos segundos. Desde un punto de vista evolutivo, la ira está diseñada para hacernos actuar, no pensar. Esto dificulta que consideremos pensamientos alternativos cuando estamos enfadados. Por lo tanto, la mejor manera de gestionar el sesgo de hostilidad en el momento es ralentizar la respiración para calmarnos físicamente y, luego, usar una estrategia conductual como las *respuestas precocinadas* que veremos en el apartado siguiente.

CAMBIOS CONDUCTUALES PARA AFRONTAR EL *FEEDBACK* CON MÁS SERENIDAD

Recurre a las siguientes estrategias conductuales en combinación con los cambios cognitivos que acabamos de ver para reducir tu tendencia a entrar en pánico por el *feedback*.

Prepara respuestas precocinadas para el *feedback*

Puedes preparar algunas respuestas verbales para tenerlas disponibles cuando necesites tiempo para pensar, sin que parezca que te pones a la defensiva mientras procesas el *feedback*. Algunos ejemplos:

- Tu comentario acerca de ___ tiene sentido.
- Pensaré acerca de todo lo que me has comentado. Necesito procesar tu *feedback* y reflexionar.
- Es una manera interesante de verlo.
- Déjame pensar cómo puedo aplicar tu *feedback*.
- Déjame pensar en la mejor manera de proceder. Te enviaré un correo con algunas ideas.

Por lo general, las respuestas preparadas deberían reconocer todos los puntos válidos del *feedback* e indicar que necesitas tiempo para procesarlo. También puedes tener respuestas preparadas para los casos en que te dé vergüenza que se haya revelado un punto ciego. Por ejemplo:

- No lo había visto de esa manera. Eso es muy útil. Gracias por mostrarme esa forma de verlo.
- Es una idea fantástica. La verdad es que salgo de la conversación con una perspectiva nueva.

Si tus autoexigencias son muy altas, es posible que tengas que actuar como si tuvieras muchos más puntos ciegos de los que realmente tienes.

Actúa como si afrontaras el *feedback* con serenidad

A veces, las personas que reciben *feedback* negativo se ponen a la defensiva. Es posible que te haya molestado o entristecido. En estas situaciones, intenta aparentar que te lo tomas con calma.[6] En otras palabras, finge hasta que lo consigas. Actuar como si estuvieras tranquilo es la manera más rápida de tranquilizarte de verdad. Si tienes un pico de ansiedad cuando recibes *feedback* o tiendes a ponerte a la defensiva, intenta usar un lenguaje corporal más abierto. Envía señales no verbales de que estás receptivo, aunque en realidad no sea así. Baja los hombros, levanta la cabeza, establece un contacto visual suave y relaja las manos. Cuando lo hagas, tus pensamientos y sentimientos empezarán a ajustarse a tus señales no verbales casi al instante. No te sentirás relajado del todo, pero te ayudará.

Valora la posibilidad de organizar tu propio acuerdo de supervisión

Con frecuencia, las personas que sufren ansiedad se sienten más cómodas recibiendo *feedback* individualmente de alguien a quien están seguras de caer bien y que saben que respeta su talento.

Una manera excelente de conseguirlo es establecer tú mismo una relación de supervisión casera. *Supervisión* es un término que psicólogos y terapeutas usan para referirse a las reuniones periódicas con un colega, normalmente una o dos veces al mes. Durante las reuniones, el supervisado comenta a su supervisor los procesos de pensamiento que ha seguido para tomar decisiones complejas. A veces, el supervisado también habla de cómo los problemas personales podrían estar interfiriendo con su trabajo y de cómo evitar que esto pueda tener consecuencias negativas. Lo cierto es que hablar de supervisión resulta un poco raro, porque incluso los psicólogos con décadas de experiencia siguen acudiendo a un supervisor. La tradición se basa en la idea de que todos tenemos puntos ciegos cognitivos, independientemente de cuál sea nuestro nivel de experiencia y de talento. Por lo general, el supervisor no es el superior directo del supervisado; suele ser alguien externo a la organización donde trabaja el supervisado, o un colega con más experiencia.

La supervisión y la mentoría se diferencian en que el propósito de la supervisión es garantizar que el terapeuta haga el mejor trabajo posible con sus clientes. En otras palabras, es en beneficio del cliente más que del terapeuta. Piensa en si sería posible que organizaras en tu trabajo sesiones semejantes a las de la supervisión durante tu horario laboral. Quizá te sea más fácil convencer a tu jefe si se lo planteas como una supervisión dirigida a beneficiar a tu trabajo actual, en lugar de a tu carrera profesional en general.

La práctica de exponerte al *feedback* de alguien que sabes que conoce y respeta tus habilidades te ayudará a desarrollar tu tolerancia y lo evitarás menos. Además, este acuerdo también te permitirá experimentar con ser más auténtico, vulnerable y honesto acerca de los bloqueos que puedas tener en el trabajo y que te impiden alcanzar una productividad y una toma de decisiones óptimas.

Pide un bocadillo de sapos

Cuando le pidas a alguien que te dé *feedback*, pídeselo en forma de «bocadillo de sapos». Se trata de una valoración que se da en el orden siguiente: algo que has hecho bien, un problema o aspecto con margen de mejora y otra cosa que has hecho bien. Intenta tanto pedir como dar *feedback* usando esta técnica. El pan del bocadillo (los aspectos positivos) debe ser genuino para que el bocadillo sea efectivo. Aunque el de tragar sapos es un concepto ya bastante manido, lo cierto es que a la mayoría de nosotros nos resulta más fácil escuchar el *feedback* cuando antes recibimos cierta validación.

Obtén muestras de *feedback* muy pequeñas

A veces, las personas ansiosas necesitan tiempo para procesar un poco de *feedback* antes de estar dispuestas a recibir más. Por ejemplo, si estás desarrollando un sitio web, quizá te vaya bien comprobar la experiencia del usuario con entre una y tres personas.

Si ves que necesitas tiempo para lamerte las heridas después de recibir comentarios negativos, trátate con compasión al respecto. Obtener una pequeña muestra de *feedback* es una excelente forma de aprender por experiencia que puedes soportarlo y ayuda a que te trates con amabilidad durante el proceso.

CAPÍTULO 8

EVITACIÓN

Cómo dejar de esconder la cabeza en la arena ante las cosas importantes

En el capítulo 4 hablamos de la indecisión antes de pasar a la acción. Ahora hablaremos de evitar cosas que has de hacer, pero que preferirías no hacer.

Completa el siguiente test para ver si este capítulo guarda relación contigo. Elige las respuestas que mejor se ajusten a ti. Si ninguna de ellas coincide con exactitud, selecciona la que más se aproxime.

1. **¿Qué haces cuando una tarea importante te intimida?**
   a. Identifico alguna parte de la tarea que no me intimide y comienzo por ahí.
   b. Postergo la tarea durante un tiempo, pero la acabo haciendo.
   c. La meto para siempre en mi caja de «demasiado difícil», que ya está a rebosar.

2. **¿Cuánto tiempo dedicas a tareas que otros considerarían una pérdida de tiempo?**
   a. Una cantidad de tiempo que me ayude a recargarme.
   b. El tiempo suficiente como para lamentarlo, pero no tanto como para que interfiera con las tareas importantes que debo hacer.

c. Tanto que interfiere con llevar a cabo tareas importantes.

3. **¿Con qué frecuencia te dedicas a tareas de baja prioridad porque tus tareas prioritarias te obligan a salir de tu zona de confort?**
   a. Casi nunca.
   b. Alguna vez.
   c. Es fácil encontrarme cambiando una y otra vez el tipo de letra de un documento.

4. **¿Alguna vez alguien se ha enfadado contigo por tu costumbre de evitar tareas o problemas? Por ejemplo, tu pareja se frustra porque postergas hacer llamadas que te generan ansiedad.**
   a. No.
   b. No me lo dicen directamente, pero si se lo preguntara, es probable que mi familia y mis compañeros de trabajo dijeran que les molesta que procrastine, renuncie a algunas actividades o deje de lado tareas necesarias.
   c. Sí, es un tema conflictivo.

5. **¿Qué haces cuando tienes que hacer algo que te recuerda fracasos anteriores o malas experiencias del pasado?**
   a. Adopto una mentalidad de crecimiento; puedo mejorar con la práctica adecuada.
   b. Lo hago si no tengo más remedio, pero, si puedo, lo evito.
   c. Evito hacerlo incluso cuando puede causarme

problemas; por ejemplo, evitaría llamar al fontanero para una reparación necesaria si la última vez que traté con uno tuve una mala experiencia.

6. **¿Qué haces cuando trabajas en un proyecto conjunto y tienes que plantear un problema en relación con el trabajo de un compañero?**
   a. Decido si es mejor abordarlo directamente o de un modo más sutil en esa situación concreta.
   b. Lanzo indirectas con la esperanza de que las pille.
   c. No hago nada o me quejo a todo el mundo, excepto a la persona cuyo trabajo es el problema.

A continuación, tienes la interpretación de los resultados.

Mayoría de A

El afrontamiento evitativo no es un problema para ti. Puedes lidiar con sentimientos y pensamientos complicados sin evitar tareas importantes. Estás dispuesto a tolerar cierta ansiedad y preocupación para ocuparte de lo que hay que hacer. Probablemente avanzarás rápidamente por este capítulo, pero podrás aprender alguna cosa nueva acerca de ti mismo y a entender mejor a las personas en tu vida que sí tengan problemas con la evitación.

Mayoría de B

Tienes cierto margen de mejora. Tu afrontamiento evitativo no llega al punto de convertir tu vida en un desastre (por ejemplo, presentas la declaración de la renta dentro de plazo), pero tiendes a limitarte a lo que está dentro de tu zona de confort, lo que te puede causar algún problema a veces. Evitas las situaciones interpersonales que te causan ansiedad, como las conversaciones difíciles con jefes, compañeros de trabajo o amigos. Los consejos de este capítulo te ayudarán a cambiar tus respuestas B en A.

Mayoría de C

Estás atrapado en el horrible círculo vicioso de evitar las cosas que te estresan, evitación que causa un estrés adicional a largo plazo. Es probable que tu evitación esté haciendo que te sientas bloqueado o paralizado en tu vida en general. En este capítulo encontrarás mucha información y herramientas que te ayudarán a reducir tu afrontamiento evitativo y, por lo tanto, también tu estrés general.

La evitación es uno de los principales factores que alimentan la ansiedad.[1] La evitación puede ser conductual (evitas hacer cosas que te causan sentimientos de ansiedad) o cognitiva (evitas pensar en temas que desencadenan tu ansiedad).

Si no haces algo al respecto, la evitación te comerá vivo psicológicamente. El afrontamiento evitativo genera un estrés adicional en tu vida.[2] Además, cuanto más evites, más tenderá tu ansiedad a extenderse a otras tareas y situaciones. Y, cuando evitas, pierdes la oportunidad de aprender que puedes afrontar las situaciones y la de adquirir habilidades mediante la experiencia.

En este capítulo, aprenderás cuáles son los mecanismos psicológicos que subyacen a la evitación, además de estrategias cognitivas y conductuales para reducirla. Superar la evitación es difícil, por lo que es de prever que tengas la sensación de que tu progreso en esta área sea como dar dos pasos hacia delante y uno hacia atrás. Sin embargo, incluso con esta pauta de progreso imperfecto, te sentirás mucho mejor en general.

CAMBIOS DE PENSAMIENTO PARA SUPERAR LA EVITACIÓN

Este apartado te ayudará a entender tus patrones de afrontamiento evitativo y te mostrará cómo los cambios de pensamiento pueden aumentar tu creencia en tu capacidad para hacer frente a lo que sea que estés evitando.

Conócete a ti mismo: ¿te paralizas, huyes o luchas?

La forma en la que se manifieste tu afrontamiento evitativo dependerá de cuál sea tu tipo de respuesta dominante cuando te enfrentas a algo que preferirías evitar. Hay tres posibles respuestas: paralizarse, huir o luchar. Hemos desarrollado estas respuestas porque resultan útiles cuando nos enfrentamos a depredadores. Como otros animales, cuando nos encontramos con un depredador, estamos programados para quedarnos inmóviles para evitar llamar la atención, escapar o luchar.

La mayoría de las personas tienden más hacia una de estas tres respuestas que a las otras dos. Por lo tanto, puedes pensar que tienes un *tipo* de respuesta, al igual que tienes un tipo de personalidad. Identifica cuál es tu tipo utilizando las descripciones siguientes. Ten en cuenta que tu tipo solo es tu patrón más dominante. A veces, también respondes de las otras dos maneras.

Los que se paralizan se quedan prácticamente congelados cuando no quieren hacer algo. No se mueven ni hacia delante ni hacia atrás, simplemente se detienen en seco. Si un compañero de trabajo o un ser querido los atosiga para que hagan algo que no quieren hacer, tenderán a dar la callada por respuesta. Quienes se paralizan pueden ser propensos al obstruccionismo en las relaciones de pareja, término que se utiliza para describir a las personas que se cierran en banda a hablar de ciertos temas que su pareja quiere tratar, como la decisión de tener otro hijo o de mudarse de casa.[3]

Los escapistas tienden a huir cuando no quieren hacer algo. Por ejemplo, pueden marcharse de casa si una discusión con su pareja se vuelve demasiado tensa y no quieren continuar con la conversación. También pueden ser propensos a encadenar relaciones, porque prefieren escapar a trabajar en problemas difíciles. Cuando los escapistas quieren evitar hacer algo, tienden a ocuparse con un exceso de actividad para justificar su evitación. Por ejemplo, en lugar de lidiar con sus propios problemas, pueden llenar hasta arriba los horarios de sus hijos para poder estar siempre de un lado para otro mientras llevan a sus hijos de una actividad a la siguiente.

Los luchadores tienden a responder ante la ansiedad esforzándose más. Los luchadores tienen el tipo de ansiedad menos propenso al afrontamiento evitativo, aunque caen en él a su manera. Cuando hay algo con lo que prefieren no lidiar, a menudo trabajan hasta el agotamiento, pero evitan afrontar el quid del problema. A los luchadores no les gusta admitir que una estrategia no les ha funcionado, por lo que se empecinan en ella. Es posible que eviten seguir los consejos de otros si hacerlo les causa ansiedad, incluso aunque en el fondo sepan que les convendría seguir el consejo. En vez de eso, seguirán haciendo las cosas a su manera.

Aunque no siempre es así, el tipo de ansiedad dominante (paralización, huida o lucha) acostumbra a coincidir en la faceta personal y en la profesional.

Experimento. Una vez que hayas identificado tu tipo, piensa en alguna situación a la que te estés enfrentando en la actualidad y en la que estés actuando según tu tipo. ¿Qué estrategia de afrontamiento alternativa podrías probar? Por ejemplo, tu pareja te insiste para que hagas algo que tiene que ver con el ordenador. Te sientes ansioso por ello debido a tu falta de seguridad en ti mismo en cuestiones informáticas. Si eres de los que se paralizan, normalmente evitarías responder cuando te pregunte cuándo harás la tarea. ¿Cómo podrías cambiar tu reacción?

Usa un conflicto de valores para superar la evitación

Por lo general, tendemos a considerar que la culpa es una emoción negativa. Sin embargo, las investigaciones han demostrado que el sentimiento de culpa tiende a asociarse con tener en cuenta las posturas de los demás y con conductas positivas, como disculparse sinceramente e intentar reparar el perjuicio causado.[4] Si eres capaz de reconocer cómo el afrontamiento evitativo va en contra de tus valores, puedes usar en tu beneficio la culpa saludable que sentirás.

Por ejemplo, digamos que uno de tus valores es «Tratar

a los demás como me gustaría que me tratasen a mí» y, sin embargo, has estado evitando decirle a alguien que rechazarás la petición que te ha hecho. Ponte en su lugar: si estuvieras esperando una respuesta de alguien, ¿no preferirías que te lo dijeran lo antes posible para poder hacer otros planes? Al reconocer la discrepancia entre tus valores y tu conducta, puedes encontrar la motivación que necesitas para superar tu evitación.

Nota: la culpa es psicológicamente saludable. La vergüenza, no. La diferencia entre culpa y vergüenza es que la culpa consiste en sentirse mal por un comportamiento. La vergüenza consiste en sentirse mal por lo que uno es.[5] Generalmente, la autocrítica supone provocar vergüenza.

Experimento. Identifica una situación en la que tu evitación contradiga tus valores. ¿Cómo podrías resolver el conflicto entre tus valores y tu conducta?

Utiliza una mentalidad de crecimiento para superar la evitación

Veamos cómo una mentalidad fija puede conducir al afrontamiento evitativo y cómo una mentalidad de crecimiento puede superarlo. Si lo necesitas, vuelve al capítulo 4 para repasar las diferencias entre la mentalidad fija y la mentalidad de crecimiento. Piensa en una conducta que suele evitarse: invertir. ¿Qué podría pensar alguien con una mentalidad fija sobre la inversión? Es posible que pensara algo como «No entiendo el mundo de las inversiones, me supera. No es para mí. Seguro que metería la pata si decidiera invertir en algo».

¿Qué pensaría alguien con una mentalidad de crecimiento? Sería algo más parecido a: «Seguramente pueda encontrar información dirigida a ayudar a personas como yo. Con un poco de práctica y de perseverancia, aprenderé a distinguir entre la información que es de fiar y la que no y tomaré buenas decisiones».

Experimento. Identifica el área de tu vida en la que la evitación te esté causando los problemas más graves. Describe perspectivas de mentalidad fija y de mentalidad de crecimiento como en los ejemplos que se acaban de dar.

Reconoce que saber es mejor que no saber

En el último capítulo vimos cómo las personas evitan el *feedback* cuando no confían en su capacidad para corregir los problemas identificados durante el proceso. En términos más generales, las personas tienden a la afrontación evitativa cuando temen recibir información negativa y no están seguras de poder manejarla adecuadamente. Prefieren esconder la cabeza en la arena. Si aumentas tu creencia en tu capacidad de afrontar una realidad que te altera, el deseo de evitarla se reducirá.

Por ejemplo, digamos que evitas planificar tu jubilación porque temes descubrir que la cantidad que necesitas ahorrar para disfrutar de una jubilación cómoda es inalcanzable. Si esto sucediera, ¿cómo lo superarías? ¿Te meterías en la cama y no te volverías a levantar? No. Probablemente, aplicarías una combinación de afrontamiento conductual (modificar tus hábitos de gasto y de inversión) y de afrontamiento emocional, como hablarte con compasión al pensar en los errores que hayas podido cometer en el pasado.

Experimento. Identifica un ejemplo de afrontamiento evitativo motivado por el miedo a ser incapaz de hacer frente a la realidad. Imagina de forma vívida y concreta lo que harías. Puedes dedicar tres minutos a escribirlo o simplemente pensarlo. ¿Qué otra manera de pensar podría reconocer que eres capaz de afrontar la realidad? Por ejemplo: «Si empiezo a pensar en cómo reducir mi deuda, es posible que me sienta abrumado por la ansiedad durante un tiempo, pero luego encontraré una manera de conseguirlo y me resultará más fácil manejar mi ansiedad financiera».

Identifica las distorsiones cognitivas que subyacen a la procrastinación

Procrastinar es algo que todos hacemos, pero la ansiedad, sumada a un patrón de afrontamiento evitativo, puede hacer que la procrastinación se te vaya de las manos. La buena y la mala noticia es que los mismos errores de pensamiento de los que hemos hablado en los capítulos anteriores son también los patrones de pensamiento que subyacen a la procrastinación. Aunque se trata de conceptos sencillos en teoría, los errores de pensamiento son muy engañosos e identificarlos puede ser complicado. Son como cambiaformas que se manifiestan de maneras distintas. Si se quiere ir más allá de un nivel de comprensión superficial, suelen ser necesarios ejemplos relacionados específicamente con las situaciones que han de afrontarse. Por lo tanto, y aunque ya hemos hablado de ellos, nunca tendrás demasiados ejemplos. Cuando te descubras procrastinando, repasa esta lista de errores de pensamiento para ver si alguno podría estar contribuyendo a ello. Cuando identifiques el error de pensamiento en el que hayas caído, te será más fácil identificar una forma de conducta que te resulte asumible.

Experimento. Pon una marca de verificación la columna de la derecha si alguna vez procrastinas debido a estos sesgos cognitivos. Cuando hayas terminado, identifica una tarea que estés evitando en la actualidad y en la que uno de estos errores de pensamiento pueda estar interviniendo. Elige un pensamiento alternativo y más útil.

Sesgo cognitivo	Ejemplos	Ese soy yo (indícalo con un √)
Pensamiento de todo o nada/Pensamiento rígido/Exigencias desmedidas/Perfeccionismo	• Tienes que ordenar tu habitación, pero no tienes energía para hacerlo todo de golpe. Prefieres no hacer nada a ordenar solo un par de cosas.	☐
	• Crees que tienes que obtener resultados excelentes en todo lo que haces. Si no puedes alcanzar la excelencia en alguna tarea, tiendes a evitarla totalmente.	☐
	• Te impones objetivos de productividad nada realistas acerca de cuánto puedes hacer. Eso lleva a que te sientas abrumado y lo evites todo completamente.	☐

Sesgo cognitivo	Ejemplos	Ese soy yo (indícalo con un √)
Predicciones negativas	• Crees que si intentas algo, fracasarás.	☐
	• Pospones pedir cosas a otros porque crees que no les interesará o que te dirán que no (lectura de mente).	☐
	• Pospones solicitar *feedback* a los usuarios porque esperas que sea negativo/Evitas probar los productos con clientes reales.	☐
	• Sobreestimas lo difícil o lo desagradable que será una tarea.	
Subestimar tu capacidad para afrontar la situación	• Subestimas tu capacidad para enfrentarte a tareas aburridas, estresantes o ansiógenas.	☐
Personalización: personalizas tu dificultad con una tarea en lugar de ver la tarea en sí misma como algo difícil, lo que te da una excusa para evitarla.	• Crees que el motivo por el que tienes dificultades con algo es que eres incapaz de resolverlo, en lugar de pensar que la tarea tiene una dificultad intrínseca y que exige una curva de aprendizaje.	☐
	• Crees que eres la única persona que tiene dificultades con algo.	☐

CAMBIOS CONDUCTUALES PARA SUPERAR EL AFRONTAMIENTO EVITATIVO

Los cambios cognitivos son solo la mitad de la solución cuando se trata de poner freno al afrontamiento evitativo. Tienes que combinar tus cambios cognitivos con pequeños cambios conductuales. Cuantos más minúsculos cambios conductuales puedas aplicar para reducir tu evitación, menor será el impulso de evitar. En otras palabras, tu conducta influirá en tus pensamientos y sentimientos. Las estrategias de esta sección, sumadas a los cambios cognitivos que ya hemos visto, te ayudarán a realizar cambios significativos en tus hábitos de evitación.

Trabaja a partir de una jerarquía de situaciones evitadas

En el capítulo 5, dedicado a la rumiación, hablamos de la exposición imaginaria. Ahora hablaremos de un tipo diferente de técnica de exposición. Prácticamente todas las versiones de terapia cognitivo-conductual para los trastornos de ansiedad implican trabajar con lo que se conoce como una *jerarquía de exposición*. La idea es muy sencilla. Se elabora una lista con todas las situaciones y conductas que se evitan debido a la ansiedad. A continuación, se puntúa cada elemento de la lista en función del grado de ansiedad que se cree que provocaría llevar a cabo la conducta evitada. Se usa una escala de 0 (= no provoca ansiedad en absoluto) a 100 (= se teme que provocaría un ataque de pánico inmediato). Por ejemplo, intentar hablar con una persona famosa en tu ámbito profesional podría ser un 80 en la escala de 0-100.

Ordena tu lista de menos a más ansiedad. Intenta elaborar una lista que contenga varias conductas evitadas en cada franja de diez puntos. Por ejemplo, varias que caigan en la horquilla 20-30, varias entre 30-40, etc., en tu escala de ansiedad. De este modo, no habrá saltos demasiado grandes. Omite las cosas que te provocan ansiedad pero que no te suponen ningún beneficio (como comer un insecto frito).

Planifica cómo podrías ir ascendiendo por la jerarquía, empezando por los elementos que menos ansiedad te provoquen. En la medida de lo posible, repite la conducta evitada varias veces antes de pasar al siguiente nivel. Por ejemplo, si uno de tus ítems es hablar con un compañero de trabajo al que encuentras intimidante, hazlo en varias ocasiones (ya sea con el mismo compañero o con otros) antes de pasar al siguiente nivel.

Cuando empieces a hacer las cosas que solías evitar de los niveles inferiores de tu jerarquía, ganarás la confianza que necesitas para abordar las que ocupan posiciones superiores. Es importante que no uses las llamadas *conductas de seguridad*. Las conductas de seguridad son comportamientos que las personas ponen en práctica como muletas para la ansiedad: por ejemplo, llevar sus calcetines de la suerte para hablar con alguien famoso o ensayar en exceso lo que van a decir.

En psicología, existe el consenso general de que las técnicas de exposición como la que te acabo de explicar se encuentran entre las maneras más efectivas de reducir los problemas de ansiedad. En entornos clínicos, las personas que aplican las técnicas de exposición son las que más beneficio obtienen del tratamiento.[6] Hay estudios que han demostrado incluso que la mera exposición puede ser tan eficaz como las terapias que también incluyen un exhaustivo trabajo cognitivo.[7] Si quieres acelerar tus resultados, prueba la exposición. Si hacerlo sin ayuda te resulta demasiado difícil, valora la posibilidad de trabajar con un terapeuta.

Date treinta días para superar el afrontamiento evitativo

Los hábitos de afrontamiento no son algo que podamos cambiar de un día para otro. Centrarte durante treinta días en cambiar gradualmente el afrontamiento evitativo te puede resultar útil. Puedes utilizar este enfoque como alternativa a la jerarquía de exposición si darte esos treinta días te parece más factible o te atrae más.

Durante los treinta días, aprovecha tantas oportunidades como puedas para ser menos evitativo de lo que serías normalmente. Esto te ayudará a superar los problemas que puedas tener a la hora de decidir por dónde empezar para reducir tu evitación. A medida que vayan surgiendo situaciones, céntrate en pasar a la acción, incluso aunque no estés seguro de cuál es la acción totalmente correcta. Por ejemplo, si la multitud de opciones para guardar en la nube copias de seguridad de tus fotografías te resulta abrumadora, podrías preguntarle a algún amigo que se maneje bien con la tecnología qué hace él y optar por lo mismo. Siempre puedes cambiar más adelante.

No seas demasiado «todo o nada» con la superación del afrontamiento evitativo. Todos tenemos una reserva limitada de fuerza de voluntad para lidiar con lo que preferiríamos no hacer. El objetivo es ir desmontando poco a poco los hábitos del afrontamiento evitativo. Es de esperar que, de vez en cuando, vuelvas a caer en la trampa del afrontamiento evitativo.

La acción siguiente

Cuando te des cuenta de que estás evitando algo, intenta identificar la siguiente acción que deberías llevar a cabo para avanzar. Y actúa. Por ejemplo, si tienes una situación legal y te sientes abrumado por ello, tu siguiente acción puede ser algo como escribir un correo a una amiga abogada para que te recomiende a alguien. Si tienes el jardín lleno de malas hierbas, tu siguiente acción podría ser localizar las herramientas de jardinería. Si tu móvil no va bien, tu siguiente acción podría ser hacer una copia de seguridad. Si necesitas comprar un portátil nuevo, tu siguiente acción podría ser decidir un presupuesto. Ten en cuenta que la siguiente acción que elijas no ha de ser nada excesivamente grande. Como norma general, intenta pensar en algo que puedas hacer en quince minutos o menos. Si eso todavía te abruma demasiado, intenta elegir una acción aún más pequeña. Para dar el mérito a quien corresponde, te diré que el concepto de la acción siguiente se popularizó a raíz de un libro de productividad titulado *Organízate con eficacia*.[8] Es un concepto que ha resultado útil a muchos de mis clientes.

Supera la evitación con ayuda de la tecnología

Hay muchas soluciones tecnológicas que nos pueden ayudar a superar la evitación. Aunque es posible que no te apetezca dedicar demasiado tiempo a investigarlas o configurar las aplicaciones el uso de algunas de estas soluciones puede venirte bien. Por ejemplo:

- Si sueles darle vueltas a la forma de responder los correos electrónicos durante más tiempo de lo que sería aconsejable, prueba a decidirte a contestar antes y con respuestas más breves. Crea una cuenta en Gmail; entra en la configuración, selecciona la opción «Ver todos los ajustes» y en la característica «Deshacer el envío» elige un período de cancelación de envío de treinta segundos.[9] Es sorprendente cómo esos treinta segundos suelen ser más que suficientes para captar cosas importantes que has olvidado añadir o que quieres escribir de otra manera.

- Puedes utilizar una aplicación para tu navegador para que te bloquee determinados sitios web después de usarlos durante el tiempo que especifiques. Por ejemplo, puedes usarla para limitar el acceso a Facebook a media hora diaria (en la página en inglés <TheAnxietyToolkit.com/resources> encontrarás sugerencias de aplicaciones).

- Si tienes una pequeña empresa y no se te da bien guardar las facturas y los recibos de los gastos asociados a la actividad de tu negocio, puedes usar una aplicación que creará automáticamente recibos de todos los gastos menores a partir del extracto de tu tarjeta de crédito (también encontrarás más sugerencias al respecto en <TheAnxietyToolkit.com/resources>).

Intenta pensar en dos o tres aplicaciones que, de existir, te resultarían muy útiles. ¡Es muy probable que existan! Una vez que sepas cuál es el problema que necesitas resolver, puedes buscar la aplicación que encaje mejor con tus necesidades.

Liquida las pequeñas tareas que sigues evitando

Como es fácil quedarse sin fuerza de voluntad para acometer tareas que no son urgentes, estas tienden a acumularse. Por ejemplo, quizá tengas suscripciones a revistas que quieres cancelar, tarjetas de crédito que ya no usas pero por las que sigues pagando una cuota anual y otros servicios que necesites cancelar. Si tienes varias tareas de este tipo que se puedan resolver en menos de quince minutos cada una, liquida dos o tres de ellas de golpe. Piensa en cuándo podrás disponer del tiempo y la fuerza de voluntad necesarios para hacerlo. Entonces, programa cuándo y dónde lo harás. Asegúrate de que eres realista a la hora de calcular el tiempo que necesitarás para terminar cada una de ellas. Por otro lado, no mezcles tareas que evitas y para las que necesitarás más tiempo con las que puedes resolver con rapidez. Liquida las más pequeñas. Otra manera de abordarlo es elaborar una lista y comprometerte a hacer una tarea rápida (de quince minutos como máximo) cada día. Experimenta con ambas opciones para ver cuál te funciona mejor.

Prémiate

Después de trabajar en una tarea que habías estado evitando, permítete disfrutar de los frutos de tu esfuerzo tomándote un tiempo para relajarte. Puede ser algo tan sencillo como pasarte una tarde ordenando un armario y luego disfrutar de un capítulo de tu serie de televisión preferida. Una conducta tiene más probabilidades de persistir si se recompensa. Por lo tanto, cuando te premias, aumentas la probabilidad de que en el futuro acometas las tareas que ahora evitas.

Elige recompensas que lo sean de verdad. Una ración extragrande de patatas fritas que luego lamentarás haber comido no es una recompensa. Un principio psicológico general es que la recompensa funciona mejor cuando guarda una relación natural con la conducta que se recompensa. Como el afrontamiento evitativo implica posponer lo que nos resulta difícil, parece lógico que nos recompensemos relajándonos tras haber abordado cosas que hemos estado evitando.

Si afrontar la evitación te ayuda a reducir gastos, quizá te puedas permitir gastar parte del dinero ahorrado en un área que tenga más valor para ti. Por ejemplo, si cancelas una suscripción de cincuenta dólares anuales que ya no usas, puedes permitirte comprar algo que te apetezca por ese importe. Una consecuencia natural de gastar menos dinero en un área es que dispondrás de más para gastarlo en otras, por lo que esta sería una recompensa que encajaría bien.

Lleva a cabo versiones reducidas de las tareas

Como experimento conductual, prueba a llevar a cabo versiones más sencillas de algo que hayas estado postergando. Aunque a veces es necesario avanzar poco a poco, en la medida de lo posible, intenta reducir la tarea en lugar de limitarte a dispersarla. Personaliza la tarea de modo que se ajuste a tus necesidades, preferencias y cantidad de tiempo/dinero/energía/fuerza de voluntad de las que dispongas. A continuación, encontrarás algunos ejemplos que te mostrarán a qué me refiero exactamente.

Versión grande	Versión sencilla	Versión aún más sencilla
Hacer un horario para determinar cómo repartes tu tiempo.	Hacer un horario para una parte del día, por ejemplo, las mañanas.	Programar una tarea para el día siguiente antes de salir del trabajo por la tarde.
Reformar la cocina.	Cambiar los armarios de la cocina.	Pintar los armarios de la cocina.
Meditar 20 minutos diarios.	Hacer tres minutos de caminata consciente al día.	Hacer una respiración consciente antes de levantarte por la mañana.
Controlar todos los gastos.	Controlar el gasto en el área en la que tiendas a gastar más, como la comida.	Controlar cuántas veces vas al supermercado cada semana.

Fíjate en que no estoy diciendo que las versiones más sencillas sean opciones mejores que las versiones completas. Es solo que poner en práctica la mejor opción a veces requiere demasiada fuerza de voluntad. Por lo tanto, busca la opción que mejor se ajuste a la fuerza de voluntad que realmente tengas disponible. Usar una estructura como la de la tabla te ayudará a pensar en tus opciones en términos de un conjunto limitado de alternativas y, por lo tanto, te ayudará a evitar la sobrecarga de opciones. También puedes modificar la estructura del ejemplo si quieres personalizarla.

Tal como vimos en el capítulo 4, deberías asumir que si no programas cuándo y dónde harás algo, lo más probable es que no lo hagas. Si evitas decidir cuándo y dónde harás una tarea, tómalo como una señal de que no estás verdaderamente comprometido a hacerla. Lo más probable es que estés intentando abarcar más de lo que puedes asumir con la fuerza de voluntad que actualmente tienes disponible. Elige una acción más pequeña para la que sí estés dispuesto a programar un momento y un lugar.

Adopta un enfoque flexible para reducir la procrastinación

La procrastinación no siempre es mala.[10] A veces, el impulso de procrastinar es una señal de que necesitas un descanso mental, de modo que, cuando reanudes una tarea, hayas cargado las pilas y seas más productivo. Sin embargo, si crees que la procrastinación es un problema para ti, prueba estos métodos:

- Descansa después de haber hecho algún trabajo, no antes.
- Si vas a procrastinar, al menos procrastina haciendo algo útil. Haz una tarea que también estés evitando, pero que te resulte ligeramente más atractiva que la que tengas más deseos de evitar. Si piensas en tus tiempos en el instituto o en la universidad, quizá recuerdes cómo ordenar tu habitación te resultaba de pronto mucho más atractivo cuando se suponía que tenías que estar estudiando para los exámenes.
- Estrategias antiprocrastinación que pueden funcionar bien durante un tiempo pueden dejar de hacerlo. Acepta que, de vez en cuando, tendrás que cambiar

de estrategia. Por ejemplo, quizá te des cuenta de que si preparas la bolsa del gimnasio y la dejas en el coche antes de acostarte, es más probable que vayas al gimnasio al día siguiente. Sin embargo, puede que esto solo te funcione durante un par de meses y que luego te empieces a saltar el gimnasio de nuevo. Cuando esto suceda, cambia de estrategia. Quizá tengas que probar un ejercicio físico distinto. O tal vez el problema sea que tienes demasiado trabajo y ya no te queda fuerza de voluntad para ir al gimnasio. Si se trata de esto último, tendrás que resolver el problema en su origen, es decir, tendrás que reducir la pérdida de fuerza de voluntad que te ocasiona el trabajo.

Y AHORA ¿QUÉ?

Y AHORA ¿QUÉ?

CAPÍTULO 9

GESTIONAR TU ANSIEDAD
O VIVIR TU VIDA

Las dos primeras partes del libro se han centrado casi exclusivamente en crear tu caja de herramientas para combatir la ansiedad. Este capítulo te explicará cómo consolidar y mejorar tus habilidades a lo largo de los próximos meses, sin sentir que te has convertido en tu propio psicólogo a tiempo completo.

Completa el siguiente test para ver si este capítulo guarda relación contigo. Elige las respuestas que mejor se ajusten a ti. Si ninguna de ellas coincide con exactitud, selecciona la que más se aproxime.

1. **¿Hasta qué punto te resulta fácil integrar las habilidades de la caja de herramientas para combatir la ansiedad en tu día a día?**
   a. Tan fácil como integrar un helado en mi alimentación diaria. No me agobia.
   b. No me supone un problema, pero podría ser más sencillo.
   c. Me cuesta mucho.

2. **¿Tienes claro cuáles son los sesgos cognitivos que te afectan más y en los que te tienes que centrar para seguir avanzando?**
   a. Sí, lo tengo claro. Sé cuáles son las trampas de

pensamiento en las que caigo con más frecuencia.

b. Tengo una idea de cuáles son mis trampas de pensamiento más habituales, pero aún no les he dado prioridad.

c. Aún no me he puesto a pensar en ello.

3. ¿Detectas tus errores de pensamiento en el momento en que se producen o no te das cuenta hasta mucho después?

a. Suelo identificarlos el mismo día en que ocurren. Por ejemplo, de vuelta del trabajo, puedo darme cuenta de que he personalizado el *feedback* recibido durante el día.

b. Depende del día; a veces me doy cuenta al momento, pero en otras ocasiones no lo hago hasta mucho después de que haya ocurrido.

c. Suelo detectar mis errores de pensamiento solo cuando leo material sobre ansiedad o cuando hablo con mi terapeuta.

4. ¿Tienes claros cuáles son los patrones conductuales asociados a la ansiedad que te afectan más y en los que te tienes que centrar para seguir avanzando?

a. Sí, sé cuáles son los patrones conductuales que se han tratado más problemáticos para mí.

b. Mi lista es demasiado larga. Necesito reducirla a los patrones conductuales más problemáticos para mí.

c. Vaya, aún no me he puesto a pensarlo.

5. **¿Has instaurado en tu día a día rutinas que te ayuden a controlar tu motor generador de ansiedad y a impedir que se vuelva demasiado reactivo?**

    a. Sí, hago ejercicio y practico la meditación de atención plena del capítulo sobre la rumiación.

    b. Algo he hecho, pero mis rutinas son un poco inestables.

    c. No, la verdad es que no.

6. **¿Hasta qué punto resultan asumibles las rutinas para controlar tu motor generador de ansiedad?**

    a. Muy asumibles: son tan habituales en mi vida diaria como cepillarme los dientes.

    b. Sinceramente, si estuviera demasiado ocupado, podría empezar a saltármelas.

    c. Aún me cuesta demasiado esfuerzo.

A continuación, tienes la interpretación de los resultados.

Mayoría de A

Buen trabajo. Parece que tienes bastante claro cómo integrar en tu vida cotidiana tus habilidades de la caja de herramientas para combatir la ansiedad. Sabes en qué te has de centrar más, tanto desde el punto de vista de las trampas cognitivas como de las conductuales. Es probable que la parte de este capítulo que te interese más sea la que trata de cómo ampliar tus habilidades cognitivo-conductuales más allá de las que se relacionan directamente con la ansiedad. ¡Enhorabuena por el gran trabajo que has hecho hasta ahora!

Mayoría de B

Estás en bastante buena forma. Has podido seguir los conceptos básicos, pero ahora ha llegado el momento de consolidar y simplificar las habilidades de tu caja de herramientas para combatir la ansiedad en las que te centrarás de ahora en adelante. Este capítulo te ayudará a enfocarte en el punto en que te encuentras ahora y en cuáles son las trampas cognitivas y conductuales que has de tener más presentes en tu día a día.

Mayoría de C

Cuando alguien se enfrenta a un proyecto de gran envergadura, como renovar la casa o aprender habilidades cognitivo-conductuales, las cosas acostumbran a liarse y a descontrolarse bastante antes de que todo cobre forma. Aún estás en esa fase. No pasa nada. Este capítulo te ayudará a superarla y a pasar de las C a las A.

El período de tratamiento para las personas que acuden a terapia por trastornos de ansiedad tiene una duración media de entre tres y seis meses. Después de ese tiempo, suele ser buena idea que prueben a aplicar por su cuenta las habilidades que han aprendido.

Si llevas ya un tiempo trabajando intensamente en tu ansiedad y has aprendido y mejorado, probablemente sea hora de que te tomes un descanso de un enfoque tan intensivo. Este capítulo y los dos siguientes te ayudarán a encontrar el punto de equilibrio entre seguir practicando las habilidades de la caja de herramientas para combatir la ansiedad que has aprendido y seguir viviendo tu vida. Puedes continuar prestando atención a detectar y contrarrestar tus errores de pensamiento y tus patrones conductuales asociados a la ansiedad, pero deja que ese trabajo pase a un segundo plano.

PASAR TU ANSIEDAD A UN SEGUNDO PLANO

A continuación encontrarás algunas estrategias para que empieces a pasar tu ansiedad a un segundo plano en tu vida.

Simplifica tu enfoque

Hemos hablado de varios tipos de errores de pensamiento y de trampas conductuales. La mayoría de las personas caen en todos ellos antes o después, pero lo más probable es que haya algunos que sean especialmente problemáticos para ti. Por ejemplo, las predicciones negativas (esperar resultados negativos) y el pensamiento de todo o nada tienden a ser las dos trampas cognitivas más habituales para la mayoría. Intenta identificar tus dos errores de pensamiento y tus dos trampas conductuales asociadas a la ansiedad en los que caes con más frecuencia de entre todos los que hemos comentado. Los patrones conductuales de tu lista pueden incluir cosas como sobreocuparte para intentar aliviar la ansiedad, el afrontamiento evitativo cuando te sientes ansioso o dudar durante demasiado tiempo antes de actuar cuando te sientes inseguro.

Cuando te sientas muy ansioso o creas que te has bloqueado y estés intentando encontrar el modo de salir adelante, observa primero si alguno de tus patrones más habituales está teniendo algo que ver. Intenta encontrar pensamientos y conductas alternativos y más equilibrados. Si concluyes que el problema no está relacionado con ninguno de tus cuatro principales patrones, puedes analizar el resto de las trampas que hemos visto para entender qué está pasando.

Controles semanales

En lugar de centrarte en tu ansiedad todo el tiempo, intenta programar una sesión semanal de control contigo mismo. Los clientes que han estado acudiendo a terapia semanalmente conmigo se siguen reservando ese mismo día y hora. En lugar de reunirse conmigo, se reúnen con ellos mismos. Tú también puedes hacerlo así.

Elige un momento y un lugar que te vayan bien para tu control semanal. Empieza un diario (o usa la aplicación de notas de tu teléfono móvil) en el que puedas anotar los temas que quieres tratar durante esos controles semanales. Cuando llegue el momento de tu sesión, usa esa lista como tu agenda. Si durante la semana han surgido muchas cuestiones y la lista se ha hecho muy larga, elige una o dos cuya resolución te parezca más importante.

Este proceso te permitirá reservarte un tiempo para centrarte en cualquier problema relacionado con la ansiedad que haya surgido durante la semana y que no hayas podido tratar en el momento en el que se produjo, o que lo hayas intentado, pero sin éxito. Recuerda incluir las trampas conductuales, como trabajar en exceso o el afrontamiento evitativo, si han hecho su aparición durante la semana.

Para cada cuestión, vuelve al capítulo que consideres más relevante e intenta una de las soluciones que encuentres allí. Por ejemplo, si ves que has estado rumiando un problema, pero no has pasado a la acción (es decir, no has pasado de pensar en el problema a adoptar una conducta para resolverlo), puedes probar a definir el problema, elaborar una lista de las tres a seis mejores opciones para avanzar, elegir una y planificar cuándo y dónde la aplicarás.

Planes, aficiones y ejercicio

Ahora es un buen momento para centrar la atención en planes, aficiones o intereses.

¿Qué has estado posponiendo debido a la ansiedad y en lo que te gustaría centrarte en los próximos meses? Puede ser cualquier cosa, desde citas, organizar cenas semanales con tus amigos o abrir un fondo de inversión hasta buscar un trabajo que encaje mejor contigo que el actual.

Ahora también es un buen momento para empezar a moverte. El ejercicio físico tiene propiedades antidepresivas y ansiolíticas naturales.[1] No quiero insistir en este punto porque todos hemos oído hablar ya un millón de veces de la importancia del ejercicio. Sin embargo, si no mencionara que el ejercicio físico es un antídoto contra la ansiedad, sentiría que estoy faltando a mi deber. Para muchas personas, es más fácil hacer ejercicio si se centran en sus beneficios para la salud mental que si piensan en sus beneficios para la salud física. ¿Por qué? Porque los beneficios para la salud mental son casi inmediatos, mientras que algunos de los beneficios para la salud física no se hacen evidentes hasta que nos hacemos mayores.

Un dato sobre por qué las personas ansiosas retrasan a veces la elaboración de un plan de ejercicio físico: las personas ansiosas con poca tolerancia a la incertidumbre a veces se quedan paralizadas debido a la información contradictoria que nos rodea acerca de cuánto ejercicio hay que hacer y con qué intensidad. La respuesta a todas esas dudas: haz ejercicio de la manera que puedas. Asumiendo que lo hagas de forma segura y que tengas buena salud física, hacer algo de ejercicio siempre será mejor que no hacer ninguno.

Practica la meditación de atención plena

La meditación de atención plena, que puede consistir simplemente en una rutina de respiración lenta, ayuda a muchas personas a controlar su ansiedad. Puede ser tan sencillo como respirar lentamente una vez antes de levantarte, hacer entre cuatro y seis respiraciones lentas cuando sientas un pico de ansiedad o practicar durante tres minutos diarios cualquiera de las meditaciones de atención plena que vimos en el capítulo sobre la rumiación. Si te aburres con tus rutinas de atención plena o de ejercicio, cámbialas.

Organiza tu vida para que se adecue a tu temperamento

En el capítulo 2, hablamos sobre cómo las personas difieren entre sí en cuanto a cualidades como su nivel preferido de contacto social o la cantidad de energía psicológica que necesitan para adaptarse al cambio. Cuando las rutinas y las circunstancias de tu vida están organizadas de tal modo que tu estilo de vida se ajusta a tus preferencias naturales, puedes sentir que estás en equilibrio. Esto te ayudará a evitar que te veas abrumado por la ansiedad con frecuencia. Y si organizas tu vida para que se adapte a tu temperamento, tendrás tiempo para procesar y calmarte cuando algún acontecimiento te cause ansiedad. Estas son algunas de las áreas en las que puedes organizar tu vida para adecuarla a tu temperamento:

- Encuentra el nivel de ocupación adecuado. Por ejemplo, organiza suficientes actividades después del trabajo o el fin de semana para sentirte tranquilamente estimulado, no sobreestimulado o disperso. Ten en cuenta que estar infraestimulado (por ejemplo, tener muy pocas actividades placenteras a la vista) puede ser tan problemático como la sobreestimulación.
- Elige el nivel de actividad física adecuado para ti. Puede ser algo tan sencillo como levantarte de la silla y caminar periódicamente para mantenerte tranquilo y alerta. Cargar cosas (como subir la compra por las escaleras) también puede aumentar la sensación de alerta y de energía. Contar con actividades agradables en el horizonte y con un nivel suficiente de actividad física te ayudará a protegerte de la depresión.
- Mantén un nivel adecuado de relaciones sociales e instaura rutinas que las automaticen. Por ejemplo, podrías establecer la costumbre de salir a tomar una copa con tus amigos los viernes después del trabajo o apuntarte a una clase semanal con tu hermana. Lograr el nivel adecuado de contacto social también podría consistir en establecer mecanismos para evi-

tar demasiadas interrupciones sociales, como fijar un horario de atención en lugar de aplicar una política de puertas abiertas.

- Mantén un equilibrio entre el cambio y la rutina en tu vida. Por ejemplo, alterna ir de vacaciones a un lugar nuevo con volver a algún sitio que sabes que te gusta. El equilibrio entre cambio y rutina adecuado para ti dependerá de tu temperamento natural y de la proporción de cambio y estabilidad con la que te sientas más cómodo.

- Concédete el espacio mental suficiente para prepararte para hacer algo: el tiempo suficiente para que puedas reflexionar sobre la posibilidad de comenzar, pero no tanto como para que empieces a sentir que estás evitando ponerte en marcha.

- Si gestionar el cambio te absorbe mucha energía, sé paciente contigo mismo, sobre todo si estás irritado por un cambio o una alteración en tus rutinas o planes. Como se dijo en el capítulo 2, mantén algunos hábitos y relaciones constantes mientras exploras el cambio en otras áreas.

- Determina cuáles son los tipos de estrés que te cuesta más procesar. No te expongas voluntariamente a ellos sin valorar antes alguna alternativa. Por ejemplo, si te quieres comprar una casa y sabes que tomar muchas decisiones te estresa, quizá prefieras comprar una casa ya construida en lugar de construir una. Si sabes que tomar decisiones sobre reformas de la vivienda te provoca ansiedad, quizá te convenga más mudarte a una casa nueva o recién reformada que renovar la tuya de arriba abajo o comprar una que tengas que reformar. Evitar algunos de los tipos de estrés que más te agobian puede ser muy útil, siempre que encuentres el equilibrio y no caigas en el afrontamiento evitativo.

Mira hacia fuera

Cuando te has pasado un tiempo mirando hacia dentro, está bien cambiar la orientación y dedicar algo de tiempo a mirar hacia fuera centrándote en tus relaciones con los demás. A veces, resulta fácil olvidar las necesidades emocionales de los demás cuando uno está muy centrado en las propias. Por ejemplo, si tienes pareja (o hijos), ¿cuáles son sus necesidades emocionales ahora? ¿Qué tipo de motivación y cuidados necesitan de ti? No sugiero necesariamente nada muy elaborado: quizá hayas perdido la costumbre de dar un beso de despedida y de bienvenida. O es posible que tu pareja cometa algunos de tus mismos errores de pensamiento y podríais trabajar en ellos juntos.

Si tienes pareja, pregúntale qué tipo de cuidados y de motivación necesita de ti durante los próximos meses. Si no obtienes una respuesta clara, intenta centrarte en cómo os despedís y os saludáis cada día. Para la mayoría de las parejas, esto debería incluir cierto contacto físico, algo que ayudará tanto a tu relación como a tus niveles de ansiedad.[2] Asegúrate también de que lo primero que le digas a tu pareja cuando os reunís al final del día sea algo positivo, en lugar de quejarte, lamentarte o darle una lista de *deberías* (son trampas en las que caemos fácilmente).

Si estás soltero o prefieres centrarte en tus relaciones de amistad o con otros miembros de la familia, pregúntales qué tipo de ayuda y de motivación necesitan ahora de ti.

LA CURVA DE APRENDIZAJE

A estas alturas, es posible que pienses que detectar tus errores de pensamiento y equilibrar tu manera de pensar es un trabajo muy duro y que te preguntes si te resultará más fácil con el tiempo. La buena noticia es que sí, se hará más fácil. La detección de los sesgos cognitivos se va automatizando a medida que se practica. Cuando empiezan a corregir sus errores de pensamiento, las personas tienden a percibir una rápida mejoría en sus síntomas de ansiedad, pero, con el tiempo, percibirás otro tipo de mejora: corregir los errores de pensamiento motivados por la ansiedad será cada vez más sencillo.

En mi caso concreto, ahora ya no me cuesta ningún esfuerzo. Sigo teniendo los pensamientos iniciales motivados por la ansiedad, pero ahora es como si fueran erratas y llevara incorporado un autocorrector. Corregir los pensamientos motivados por la ansiedad se ha convertido en algo tan instintivo como el hecho de que surjan primero. Cuando llegues a este punto, verás que te resultará más fácil tomarte con calma los acontecimientos y el estrés, y te darás cuenta de que, de forma natural, estás más sosegado y relajado (no totalmente). Sigo queriendo estar preparada y atenta ante posibles problemas, pero ahora también disfruto de muchos momentos zen.

Tú también puedes llegar a este punto si prestas atención a tus errores de pensamiento y patrones evitativos de forma continuada. De todos modos, no es necesario que estés siempre alerta para detectar posibles errores de pensamiento. En vez de eso, búscalos cuando te sientas bajo de ánimo, ansioso, abrumado o bloqueado. Cuando te quedes bloqueado o te sientas angustiado, úsalo como una señal para preguntarte si alguno de tus principales errores de pensamiento podría estar contribuyendo a ello.

A *posteriori* o en el mismo momento

Si solo llevas unos meses trabajando en tus errores de pensamiento, es probable que aún estés en la fase donde los detectas después de que ocurran. A medida que vaya pasando el tiempo, te encontrarás algunas situaciones en las que serás capaz de detectar un error de pensamiento en el mismo momento en que se produzca o muy poco después. Por ejemplo, quizá notes que estás molesto por algo que ha pasado durante el día y, más tarde, esa misma noche, te des cuenta de que has estado leyendo la mente: adivinar lo que piensa otra persona sin saber si es cierto o no.

Es de esperar que estas situaciones se intercalen con otras en las que solo detectarás tu error de pensamiento tras meses o años creyendo esa tontería. Es posible que obtengas información o pruebas nuevas y solo entonces te des cuenta de que te has estado aferrando a un pensamiento distorsionado.

Por ejemplo, hasta hace poco, estuve convencida de que un mentor estaba decepcionado conmigo y con mi trayectoria profesional porque no había seguido investigando. De repente, recibí información que me demostró que, en realidad, ese mentor estaba muy impresionado con lo que he conseguido. La nueva información corrigió una lectura de mente que mantuve durante mucho tiempo.

Por bien que se te dé desenmascarar tus errores de pensamiento, siempre habrá ocasiones en las que te arrastren. Consuélate pensando que este es uno de los casos en los que podemos aplicar el principio de «Más vale tarde que nunca». Cuanto más te centres en qué errores de pensamiento son las causas más habituales de tu ansiedad, más capaz serás de detectarlos sobre la marcha.

Las mismas estrategias te funcionarán también para liberarte de las trampas conductuales que te resulten más problemáticas. Al igual que con los errores de pensamiento, usa la sensación de ansiedad, de bloqueo o de agobio como una señal para preguntarte si alguna de tus trampas conductuales habituales es la culpable.

Asegúrate de que cuentas con planes alternativos que puedas llevar a cabo cuando te veas atrapado por alguna de tus trampas conductuales más frecuentes. Por ejemplo, si te has fijado un objetivo tan elevado que hace que el agobio te paralice, tu acción alternativa sería revisar ese objetivo y reducirlo hasta que dejes de sentirte paralizado. En la medida de lo posible, escapa de tus trampas conductuales sobre la marcha. Si no, añádelas a la agenda para tu control semanal.

Gestionar la ansiedad no tiene por qué ser un trabajo a tiempo completo

Si estás pensando que no te quieres pasar la vida gestionando tu ansiedad, tu pensamiento va por buen camino. Hay varios enfoques que puedes aplicar para seguir mejorando las habilidades de tu caja de herramientas para combatir la ansiedad sin tener la sensación de que gestionar tu ansiedad se ha convertido en tu segundo (o tercer) trabajo a tiempo completo.

Ya hemos hablado de uno de esos enfoques: limitar la cantidad de sesgos cognitivos en los que te centrarás a diario y hacer un control semanal para abordar las trampas que no hayas podido resolver sobre la marcha.

Un segundo enfoque consiste en marcar en tu calendario una fecha en la que revisar todo el material que has leído en el libro. Si guardas el libro en un cajón, sigues con tu vida y lo recuperas dentro de seis meses, lo harás como un científico cognitivo-conductual autodidacta de nivel medio y no como principiante. Descubrirás que reaccionas de otra manera ante el mismo material, porque ahora tendrás cierta familiaridad con todos los conceptos.

El tercer enfoque resultará atractivo para quienes disfrutan pensando sobre su forma de pensar y con la autorreflexión. Hay muchísimos errores de pensamiento que son comunes a casi todo el mundo y que no tienen que ver necesariamente con la tendencia a la ansiedad. Si quieres aumentar tu cociente intelectual cognitivo-conductual, quizá te apetezca ampliar tu enfoque para detectar cuándo y cómo caes en esas trampas cognitivas. Si decides hacerlo, encontrarás una lista de los cincuenta errores de pensamiento más habituales en la página en inglés <TheAnxie tyToolkit.com/resources>.

A algunas personas les resulta abrumadora la idea de aprender más sobre los sesgos cognitivos en esta etapa de su aprendizaje. Otras prefieren dejar de centrarse en la ansiedad y consolarse viendo que los errores de pensamiento son normales y comunes a todo el mundo. Aprender acerca de otros sesgos cognitivos habituales te ayudará a seguir mejorando tu comprensión de la psicología cognitivo-conductual sin necesidad de centrarte en la ansiedad todo el tiempo. Mejorar tu habilidad para detectar tus errores de pensamiento en todos los ámbitos te ayudará a detectar mejor tus patrones relacionados con la ansiedad.

En el capítulo siguiente, resolveremos algunos de los principales problemas que, a veces, nos impiden aliviar la ansiedad. Es habitual que quienes los sufren no se den cuenta de que son estos problemas los que impiden su progreso, por lo que voy a señalarlos aquí.

CAPÍTULO 10

LOS OBSTÁCULOS MÁS HABITUALES

E ste capítulo continúa el tema del capítulo anterior. Ya cuentas con una caja de herramientas bien equipada de habilidades para combatir la ansiedad y estás avanzando hacia la fase de consolidación. Ahora, centraremos la atención en los obstáculos más habituales con que te puedes encontrar durante esta fase sin darte cuenta de cuál es el problema real. Una vez que puedas identificar esas áreas problemáticas, las podrás esquivar y acelerar tu avance hacia una vida con menos ansiedad.

Completa el siguiente test para ver si este capítulo guarda relación contigo. Elige las respuestas que mejor se ajusten a ti. Si ninguna de ellas coincide con exactitud, selecciona la que más se aproxime.

1. **¿Hay equilibrio en tu estilo de vida?**
   a. Siempre reservo algo de tiempo para recuperarme, aunque sean solo diez minutos de no hacer nada.
   b. Tengo puntos de acumulación de estrés que vendría bien desbloquear.
   c. Mi estilo de vida tiene tan poco equilibrio que me estreso solo de pensarlo.

2. **¿Sigues siendo muy autocrítico?**
   a. No, me he convertido en una máquina de autocompasión.

b. Aunque he mejorado en lo que a la autocompasión se refiere, a veces aún actúo como un sargento de hierro conmigo mismo.

c. Sospecho que sigo siendo autocrítico, pero por lo general no me doy cuenta.

3. **¿Tienes clara la diferencia entre rumiar/preocuparse y resolver problemas?**

a. Lo tengo meridianamente claro.

b. Lo tengo bastante claro, aunque hay ocasiones en las que todavía confundo la rumiación o la preocupación con la resolución de problemas.

c. Aún dedico mucho tiempo a pensar en los problemas de un modo que no se traduce en una acción efectiva real.

4. **Cuando experimentas estrés o ansiedad, ¿pones algún límite a la hora de hablar con otros de esos temas estresantes o de tu ansiedad?**

a. He llegado a un punto ideal en el que solo hablo de situaciones estresantes o de la ansiedad en la medida en que me resulte útil.

b. No elijo los momentos para hablar de temas estresantes tan bien como me gustaría.

c. A veces, el estrés y la ansiedad están tan presentes en mi mente que no puedo hablar de otra cosa.

5. **¿Cuánto tiempo y esfuerzo inviertes en intentar cambiar a los demás?**

a. Solo el que pueda ser provechoso.

b. Probablemente algo más de lo necesario.

c. Vuelvo una y otra vez a los mismos pensamientos acerca de cómo me gustaría que cambiaran los demás. Es un ejercicio inútil que solo consigue frustrar a todos los implicados, pero estoy atrapado en la trampa de seguir haciendo lo mismo con la esperanza de obtener resultados distintos.

6. ¿El miedo a los ataques de pánico te impide disfrutar de la vida?

a. No.

b. En realidad, no, aunque siento cierto temor al pensar en cómo afrontaría un ataque de pánico si lo sufriera.

c. Sí, evito algunas experiencias por miedo a sufrir un ataque de pánico.

A continuación, tienes la interpretación de los resultados.

Mayoría de A

Vas con ventaja y es poco probable que tropieces con algunos de los obstáculos habituales que afectan a otras personas y que pueden causar que la ansiedad persista. De todos modos, es probable que al leer este capítulo encuentres información que te ayude a mejorar aún más.

Mayoría de B

Hay algunos obstáculos que pueden hacer que la ansiedad persista incluso cuando se hace todo bien en lo que a aplicar las habilidades de la caja de herramientas se refiere. Tus respuestas indican que corres el riesgo de caer al menos en algunos de ellos. Este capítulo te permitirá identificar a qué trampas puedes ser vulnerable y a ponerles remedio.

Mayoría de C

Corres un alto riesgo de tropezar con algunos de los obstáculos que llevan a que la ansiedad persista, a pesar del esfuerzo invertido en adquirir habilidades cognitivo-conductuales. Presta mucha atención a la información de este capítulo para evitar estas trampas y pasar de las C a las A.

El camino hacia el éxito no siempre es llano. Encontrarás piedras y baches. Sin embargo, no son obstáculos insuperables: solo tienes que aprender a rodearlos. Lo mismo sucede con una vida en la que hay que lidiar con la ansiedad. Hay áreas en las que tropiezan la mayoría de las personas. Saber cuáles son esos obstáculos te será de gran ayuda para evitarlos. Si, mientras lees este capítulo, te sientes identificado tantas veces que te resulta incómodo, recuerda que son obstáculos muy frecuentes, así que no seas demasiado duro contigo mismo.

Falta de equilibrio en el estilo de vida

Muchas de las personas ansiosas que he conocido tienden a asumir demasiadas responsabilidades. No quieren defraudar a nadie y suelen esforzarse para evitar entrar en conflictos o que otros se puedan sentir descontentos con ellas. Y, normalmente, también tienen altas exigencias respecto a su propio rendimiento. ¿Qué resulta de esta fórmula? Asumir demasiadas cosas.

En el fondo, muchas personas saben qué cambios tienen que hacer en su estilo de vida para reducir su estrés. Podría ser dejar un trabajo que nunca va a ser de cuarenta horas semanales porque tu jefe no deja de presionarte para exprimirte cada vez más. Podría ser tener una conversación incómoda en la que tus interlocutores intentarán que te sientas culpable para que sigas asumiendo funciones y responsabilidades adicionales que en algún momento aceptaste. Podría ser desafiar tu intolerancia a la incertidumbre y renunciar a cierto control subcontratando algunas tareas. O, para algunas personas propensas a la ansiedad, podría ser aprender a tolerar pensamientos sobre no ser lo suficientemente bueno si no estás trabajando continuamente.

Todos necesitamos tiempo de descanso para recuperarnos del estrés diario y procesarlo. Las personas que tendemos a la ansiedad necesitamos incorporar este tiempo de recuperación para procesar los eventos que nos provocan ansiedad y para prepararnos para pasar a la acción. Si tu vida está hasta arriba de trabajo o de tareas, la ansiedad natural que esto provoca no será una falsa alarma, sino una auténtica alarma que te está alertando sobre la necesidad de cambiar.

Los cambios en el estilo de vida pueden marcar una diferencia enorme en las reservas y en los recursos de que disponemos para hacer frente al estrés. La efectividad de los cambios internos que puedas hacer tiene un límite si la raíz del problema está en tu agenda. He observado el mismo patrón una y otra vez en mis clientes de terapia: si su vida está demasiado ocupada, reducir sus obligaciones hace que les resulte mucho más fácil tomar mejores decisiones.

Una de las barreras que impiden cambiar el estilo de vida suele ser la comparación social. No te puedes comparar con los demás cuando se trata de encontrar una agenda que te vaya bien (bueno, lo que es poder, puedes, pero no te servirá de nada). Una agenda que parece manejable y equilibrada para otra persona puede no ser la adecuada para ti.

Experimento. Los cambios en cómo te sientes dependerán de una combinación de cambios externos, como cambios en la forma en la que pasas tu tiempo, y de cambios internos, como trabajar en tu pensamiento. ¿Qué barreras psicológicas has de superar para incorporar más tiempo de recuperación en tu día a día?

Autocrítica constante

La autocrítica es uno de los hábitos asociados a la ansiedad con el que más difícil resulta romper, pero hay que hacerlo. Cuando recurras a la autocompasión en lugar de a la autocrítica para afrontar las cosas que no salen como esperabas, te darás cuenta de que empezarás a tomar decisiones mucho mejores. Ser amable contigo mismo crea un espacio mental donde puedes pensar más claramente acerca del problema que necesitas resolver, y te ayudará a confiar en que cuentas con las habilidades necesarias para resolver tus problemas.

Experimento. La doctora Kristin Neff, una de las principales expertas en autocompasión, ha tenido la generosidad de compartir su test de autocompasión en su página web.[1] Está en inglés. Hazlo, es muy breve. Hará el recuento por sí solo y te hará saber si tienes margen de mejora en lo que a la autocompasión se refiere.

Si obtienes una puntuación baja, anota en tu agenda repetir el test en periodos regulares. Podrías repetirlo cada mes o cada tres meses. Si quieres dar un paso más, plasma las puntuaciones en un gráfico y asegúrate de que van en la dirección correcta.

El sitio web de Kristin (<self-compassion.org>) y su libro *Sé amable contigo mismo* te sugieren ejercicios con los que aumentar la autocompasión. Los temas de algunos de ellos, como la atención plena, te resultarán familiares después del trabajo que has hecho aquí. Si necesitas mejorar tu autocompasión, prueba a hacer alguno de esos ejercicios, además del que he incluido en el capítulo 5. La autocompasión es uno de los temas candentes en la psicología actual, por lo que también puedes buscar en internet otros ejercicios que quizá te interese probar.

Aviso: es posible que algunos lectores consideren que los ejercicios de autocompasión son cosa de *hippies* o New Age la primera vez que los vean. Si algún ejercicio no te atrae, busca otros que encajen mejor con tus preferencias.

Permitir la búsqueda de información, la rumiación y la preocupación constantes

La idea de que permitamos la rumiación o la preocupación puede parecer absurda al principio. ¿Quién querría rumiar o preocuparse constantemente? Sin embargo, recuerda que la rumiación y la preocupación a menudo se visten con el disfraz de prepararse para pasar a la acción o para resolver algún problema que pueda surgir en el futuro.

Con frecuencia, las personas se permiten dar vueltas sin cesar a cómo podrían, o no, pasar a la acción en el futuro;

a por qué no han pasado a la acción todavía; a por qué otras personas actúan del modo en que lo hacen; o a alguna decisión, problema o posible problema. Como ya hemos comentado, la resolución de problemas debería consistir, por lo general, en definir de manera concreta cuál es el problema, generar una breve lista de las mejores opciones para avanzar, elegir una y decidir cuándo y dónde se va a aplicar la solución elegida.

Si estás siguiendo una línea de pensamiento distinta a esta, pero mentalmente estás etiquetando lo que haces como «resolución de problemas» o «plan de acción», cuestiónate si es así de verdad. Permanecer en el modo de «pensar» durante periodos de tiempo prolongados es reconfortante, de la misma manera que también lo es comer una cantidad excesiva de comida basura durante largos periodos de tiempo. Es cómodo en el momento, pero, a largo plazo, acabas muy lejos de donde querías estar.

Distinguir entre el pensamiento que nos es útil y el que no lo es tiene más de arte que de ciencia. Por ejemplo, algunas de mis mejores ideas se me ocurren cuando dejo que mi mente se vaya a cuestiones de trabajo mientras salgo a dar una vuelta y, aparentemente, me he tomado un respiro del trabajo. Hay otras ocasiones en las que permitir que mi mente se vaya al trabajo no me resulta muy útil (por ejemplo, repasar mentalmente decisiones que he tomado o conversaciones que he mantenido mientras conduzco de camino a casa).

Experimento. A ti, ¿cuándo te resulta productivo dejar que tu mente divague? ¿Cuándo no lo es? Identifica al menos un ejemplo de cada caso.

El club de los adictos al crecimiento personal

Este punto no será aplicable a todo el mundo, pero merece la pena mencionarlo para el segmento de la población al que sí afecta.

Si eres una de esas personas que lee un libro de crecimiento personal tras otro, quizá te iría bien fijarte algunos límites. Leer material de crecimiento personal de forma continuada puede acabar convirtiéndose en una especie de muleta para algunas personas. Es decir, siempre estás tratando de encontrar la pieza mágica que te falta y que resolverá tu propio rompecabezas y hará que pasar a la acción te resulte más fácil y seguro que nunca. Te tienes que asegurar de que estás traduciendo las ideas más importantes en acciones en lugar de limitarte a seguir leyendo sin más.

Experimento. Si eres miembro del club de adictos al crecimiento personal que lo leen todo, pero no pasan a la acción, prueba a tomarte un descanso y deja de leer nuevo material sobre crecimiento personal durante un tiempo. Por ejemplo, puedes decidir: «No leeré más información sobre crecimiento personal durante las próximas dos semanas», a ver qué pasa.

El problema no es probar nuevas estrategias para el crecimiento personal, sino leer continuamente para adquirir información sin pasar a la acción o sin dar prioridad a los aprendizajes más importantes que podrías aplicar. Durante las dos semanas que pases sin leer nueva información, comprométete a aplicar en tu vida una estrategia conductual acerca de la que ya hayas leído. Elige esa estrategia ahora mismo: haz una lista de entre tres y seis opciones y elige una. Planifica cuándo y dónde vas a poner en práctica la estrategia que has elegido.

Hablar continuamente acerca del estrés o de la ansiedad

Si estás pasando por un período estresante durante el que mantienes conversaciones frecuentes con otras personas, intenta poner límites a esas conversaciones. Este consejo es especialmente relevante en situaciones como la planificación de una boda. Otro ejemplo: una de mis clientas tenía pendiente un proceso judicial acerca de un tema que afectaba también a varios de sus vecinos. Se pasaba muchísimo tiempo poniéndose al tanto de cómo estaban los vecinos en su misma situación y comentando con su marido la información nueva que oía o leía. El problema es que todo esto estaba haciendo que se sintiera fatal. En realidad, no era necesario que invirtiera tanto esfuerzo en estar constantemente al tanto de la situación del barrio y el vecindario. Su abogada se comunicaba con ella con regularidad para explicarle cómo iban las cosas y para pedirle más información cuando la necesitaba. La preparación mental constante para afrontar problemas potenciales (es decir, que quizá no se materializarán nunca) indicaba que no confiaba en su capacidad para tomar las decisiones adecuadas cuando fuera necesario. En su caso concreto, era más que capaz de afrontar las dificultades a medida que surgían.

Poner límites a cuándo y cuánto hablas acerca de situaciones o planes estresantes con otras personas puede consistir en algo tan sencillo como esperar al final de la jornada para transmitir información en lugar de enviar mensajes de texto o correos electrónicos durante el día. En algunos casos, programar una reunión semanal con tu pareja para tratar un tema concreto es mucho más efectivo que hablar de ello a diario.

También es buena idea limitar la cantidad de tiempo que dedicas a hablar de lo ansioso que estás. No pases un parte diario de la ansiedad como si fuera el parte meteorológico. A veces, los amigos y los seres queridos se cansan de recibir informes constantes acerca de tu nivel de ansiedad y de todas las cosas que te estresan.

Experimento. ¿Qué límites tendrías que imponer respecto al tiempo que dedicas a hablar de un tema concreto?

Asumir demasiada responsabilidad por los demás

Retomemos el tema de excederse asumiendo responsabilidades. A veces, las personas ansiosas consumen demasiado tiempo y energía en intentar cambiar a otras personas. Sé consciente de si estás haciendo esto como una manera de evitar centrarte en ti mismo y en tus objetivos. Centrarse en lo que los demás podrían cambiar es mucho más fácil que centrarnos en lo que deberíamos cambiar nosotros. Otro de los factores que puede contribuir a que las personas propensas a la ansiedad caigan en esta trampa es la tendencia a empecinarse en seguir por un camino cuando ya no es útil hacerlo. Insisten, insisten e insisten en situaciones en las que renunciar podría ser la mejor opción.

Experimento. ¿Hay alguien a quien estés intentando cambiar en vano? ¿Estás atrapado en el patrón de seguir intentando las mismas cosas con la esperanza de obtener resultados distintos? ¿Cómo sería renunciar a intentar cambiar al otro? Por ejemplo, ¿qué otra cosa podrías hacer en una situación en la que normalmente te quejarías a alguien por su conducta?

Temor a los ataques de pánico

En primer lugar, si nunca has tenido un ataque de pánico, no hay motivo para pensar que vayas a empezar a tenerlos ahora. Los siguientes consejos son para personas que han sufrido algún que otro ataque de pánico en el pasado y quieren contar con mejores herramientas para afrontarlos.

Los ataques de pánico son breves y súbitos y tienden a alcanzar su máxima intensidad al cabo de entre diez y veinte minutos (aunque algunos síntomas pueden persistir durante una hora o más).[2] Nuestro cuerpo está diseñado para que estas respuestas de ansiedad extrema duren solo un breve período de tiempo. No hay nadie en toda la historia del planeta cuyo sistema de ansiedad se haya quedado bloqueado en el modo de ataque de pánico de forma permanente. Es una imposibilidad fisiológica. Una parte de nuestro sistema nervioso activa la respuesta de pánico, mientras que otra la desactiva. Lo que sube ha de bajar.

En realidad, no es necesario que hagas nada para que un ataque de pánico remita. Puedes hacer algo, no hacer nada o hacer justo lo contrario de lo que sería aconsejable; hagas lo que hagas, el ataque de pánico cesará por sí solo. Las sugerencias que encontrarás en este apartado te ayudarán a sentirte más preparado, pero si las olvidas y tienes un ataque de pánico en un momento en el que no puedes acceder a este libro, ten la seguridad de que todo irá bien. Recuerda que tu cuerpo sabe qué ha de hacer para recuperar la normalidad después de que se desencadene la respuesta de pánico.

Si alguna vez tienes la impresión de que te has convertido en una bomba de ansiedad y de pánico a punto de estallar, tus primeras estrategias deben ser fisiológicas. Olvídate de centrarte en tus errores de pensamiento. Si estás en pleno ataque de pánico, deja de lado la exploración de tus pensamientos. Por diseño evolutivo, cuando sientes pánico, estás en modo reactivo, no en modo contemplativo. Tu sistema de ansiedad ha activado plenamente el modo de emergencia de huida, lucha o inmovilización y lo que necesitamos es mitigar esa respuesta. Prueba alguna de estas estrategias:

- **Respiración lenta.** Para poder hacerla con comodidad en una situación de pánico, es necesario que la hayas practicado antes. En el capítulo 4 encontrarás consejos para practicarla.
- **Contacto físico.** Consigue liberar oxitocina frotándote o acariciándote el brazo (la piel, no a través de la ropa) o recibiendo un largo abrazo de alguien.
- **Temperatura.** Una excelente manera de alterar tu sistema nervioso y sentirte físicamente más relajado (lo que ralentizará y calmará tus pensamientos) es modificar la temperatura de tu cuerpo. Puedes optar por el calor o por el frío, lo que te vaya mejor. Por ejemplo, el calor podría ser un baño o una ducha. El frío podría ser chupar cubitos de hielo. Una versión más extrema de la técnica del hielo consiste en meter la cara en un recipiente lleno de agua helada (agua del grifo fría + cubitos de hielo).

Esta técnica procede de la terapia dialéctica-conductual (TDC), desarrollada por la doctora Marsha Linehan.[3] Si vas a usar la técnica de meter la cara en agua helada, busca información en internet. Encontrarás distintas versiones de las instrucciones y algunas variaciones que puedes probar. La técnica está diseñada para simular lo que sucede cuando nos sumergimos en agua fría y el cuerpo necesita conservar energía. En esta situación, una de las cosas que el cuerpo hace de forma natural es bajar la intensidad de los sistemas que consumen mucha energía, como…, sí, lo has adivinado: el sistema de ansiedad.

Advertencia: la técnica del reflejo de inmersión no es apta para personas con historial o riesgo de problemas cardiacos ni para personas con trastornos de la alimentación que puedan haber afectado a su corazón. No te limites a usar la breve descripción de la técnica que he hecho aquí. Busca instrucciones y advertencias más detalladas y consulta a tu médico antes de probarla. Si no tienes hielo, prueba a sacar algo frío del congelador y ponértelo sobre la cara durante unos segundos, y vuelve a repetir la operación. Envuelve el artículo congelado en una capa de tela, como una camiseta vieja o una toalla fina.

- **Habilidades de tolerancia al malestar de la TDC.**[4] La terapia dialéctico-conductual ofrece también otras técnicas excelentes para afrontar la ansiedad extrema. La TDC es prima hermana de la terapia cognitivo-conductual, por lo que coinciden en algunos aspectos y difieren en otros. Originalmente, la TDC se diseñó como una terapia para personas con trastorno límite de la personalidad que, entre otras cosas, conlleva que las emociones se sientan con muchísima intensidad. Por lo tanto, si buscas «tolerancia al malestar y TDC» en internet, encontrarás muchas sugerencias que te pueden ser útiles cuando sientas emociones muy intensas.

- **Actividad.** Quemar el exceso de energía suele ayudar a que te sientas más tranquilo cuando estás muy alterado. Por ejemplo, prueba a saltar en la cama elástica de tus hijos.
- **La técnica de «leche, leche, leche».**[5] Aunque hace ya cien años que esta técnica se describió por primera vez, se ha popularizado más recientemente como parte de otro tipo de terapia, la terapia de aceptación y compromiso (ACT por sus siglas en inglés), desarrollada por el doctor Steven Hayes y ampliamente estudiada desde entonces.[6] Al igual que sucede con la terapia dialéctico-conductual, podemos decir que la ACT es prima hermana de la terapia cognitivo-conductual. Aunque hay diferencias importantes entre ambas, también tienen similitudes significativas.

  «Leche, leche, leche» consiste en seleccionar una palabra desencadenante del pensamiento repetitivo que estés teniendo (como *ruptura, solo, agobio, tonto*) y repetirla tan rápidamente como sea posible durante un período de entre treinta segundos y dos minutos. La técnica se llama «leche, leche, leche» porque, cuando se practica con un terapeuta, la palabra inicial que se usa para practicar es *leche.*

¿Cómo funciona la técnica? Cuando te expones una y otra vez a la palabra que desencadena tu malestar, esta empieza a perder su poder de desencadenar recuerdos dolorosos y se convierte en simple sonido.

- **Busca compañía.** Si es la primera vez que sufres un ataque de pánico, quizá te vaya bien pedirle a alguien que se quede contigo (ya sea en persona, por teléfono o por videoconferencia) mientras el ataque de pánico se resuelve por sí mismo. Puedes superar un ataque de pánico aunque estés solo, pero si es la primera vez que te pasa, es posible que te sientas mejor si estás con alguien. Intenta que no sea una expareja, para que reanudar el contacto no te cause problemas más adelante.

Una última nota acerca de los ataques de pánico: haber tenido uno, o varios, no significa que los vayas a tener siempre. Conozco a muchas personas que tienen un ataque de pánico cada cinco o diez años. Aunque resultan desagradables, su faceta más desagradable es, con mucho, el miedo a sufrir otro. Fíjate que el título de este apartado es «temor a los ataques de pánico». El miedo a los futuros ataques de pánico atrapa a las personas en una ansiedad constante con mucha más frecuencia que los ataques de pánico reales.

Si tienes un trastorno de pánico, es decir, si sufres ataques de pánico frecuentes, debes saber que el tratamiento de este trastorno con terapeutas cognitivo-conductuales que apliquen un programa diseñado específicamente para tratar los ataques de pánico tiene un índice de éxito muy elevado. Tu terapia debería incluir lo que se conoce como *exposición interoceptiva*, pues los tratamientos del trastorno de pánico que la incluyen son los más efectivos.[7] Puedes probar una versión de autoayuda en línea de la exposición interoceptiva como parte de un programa gratuito.[8]

Si tus ataques de pánico tienen que ver con el consumo de alcohol o de drogas, debes buscar ayuda profesional, ya que tu juicio se verá afectado y un ataque de pánico provocado por las drogas es más impredecible.

CAPÍTULO 11

¿TE GUSTAS O TE TOLERAS?

P asar de tolerar tu propia naturaleza a gustarte a ti mismo es nuestro último paso. Has hecho un gran trabajo llegando hasta el capítulo final.

Completa el siguiente test para ver si este capítulo guarda relación contigo. Elige las respuestas que mejor se ajusten a ti. Si ninguna de ellas coincide con exactitud, selecciona la que más se aproxime.

1. **¿Hasta qué punto te gusta tu forma de ser?**
   a. Me siento en paz y satisfecho con lo que soy.
   b. Hay días en los que creo que no estoy mal como persona, pero tengo muchos altibajos.
   c. Me enfrento con frecuencia a la sensación de que no me gusta mi forma de ser.

2. **¿Es fácil para ti reconocer los aspectos en los que no eres una persona especialmente propensa a la ansiedad?**
   a. Aunque soy propenso a la ansiedad, también reconozco las situaciones en las que tengo confianza y seguridad en mí mismo.
   b. Tiendo a prestar atención sobre todo a las situaciones en las que estoy ansioso y a pasar por alto aquellas en las que no lo estoy.

c. Mi concepto de mí mismo es el de una persona que casi nunca es positiva ni tiene confianza o seguridad en sí misma.

3. ¿Tienes claras cuáles son tus fortalezas como persona?

a. Si quieres, te hago una lista ahora mismo.

b. Mmm, más o menos. Podría citar uno o dos puntos fuertes de mi personalidad, pero no creo que pudiera ir más allá.

c. Paso tanto tiempo pensando en mis puntos débiles que no he pensado en mis fortalezas.

4. ¿Aún conservas una mentalidad fija latente, es decir la creencia de que no puedes mejorar las habilidades que consideras fundamentales para alcanzar el éxito?

a. No, ya la he dejado atrás.

b. Aún subestimo mi capacidad para abordar ciertas habilidades de manera que aprovechen mis fortalezas y talentos.

c. Aún hay habilidades que considero esenciales para el éxito que creo que nunca se me darán bien.

5. ¿Cuentas con personas en tu red de apoyo que te animen a aceptarte y que te ayuden a verte desde una perspectiva positiva?

a. Sí.

b. Una o dos, pero me gustaría que fueran más.

c. No.

6. ¿Cuentas con personas en tu red de apoyo que te animen a pasar a la acción cuando te sientes indeciso?

a. Sí.

b. Tal vez una.

c. No.

A continuación, tienes la interpretación de los resultados.

Mayoría de A

Vas camino de convertirte en una persona que se autoacepta y está segura de sí misma. Cuentas con personas en tu red de apoyo que te ayudan a ver tus puntos fuertes. Eres capaz de darte cuenta de que tu naturaleza tiene cierta fluidez; por ejemplo, puedes ver que en algunas ocasiones te sientes seguro de ti mismo y, en otras, ansioso, en lugar de verte en términos de todo o nada.

Mayoría de B

Tu autoconcepto positivo en general aún no es firme. Es probable que tu autoconcepto positivo experimente altibajos en función de tu estado de ánimo y los sucesos de tu vida. Este capítulo te ayudará a desarrollar tu capacidad para ver con claridad tus fortalezas principales.

Mayoría de C

Tu visión negativa de ti mismo sigue siendo una dificultad considerable que se interpone en el camino de reducir la ansiedad. Probablemente tengas creencias negativas acerca de ti mismo que te afecten mucho, como «Soy inútil», «No valgo nada» o «Soy débil». Este capítulo te ayudará a reforzar creencias alternativas.

Por lo general, cuando mis clientes terminan sus sesiones de terapia regulares, están en un punto en el que son más tolerantes consigo mismos y aceptan su tendencia a la ansiedad. Consiguen trabajar con su naturaleza ansiosa de un modo más productivo y sin tanto dramatismo emocional. Sin embargo, también es habitual que sientan que la tendencia a la ansiedad es una carga o una debilidad. Decir que se gustan tal y como son sería decir mucho.

Es muy importante que te gustes tal y como eres. A menos que seas un asesino en serie, nadie se merece el dolor emocional que supone vivir sin gustarse a uno mismo (sí, con defectos incluidos). Este capítulo te proporcionará indicaciones sobre cómo proseguir tu viaje para que llegue a gustarte tu propia naturaleza, en lugar de limitarte a tolerarla a regañadientes.

Date cuenta de cuándo no reaccionas con ansiedad

Ni siquiera las personas con más tendencia a la ansiedad reaccionan siempre con ansiedad a todas las situaciones. Empieza a prestar atención a las situaciones en que:

- Haces predicciones positivas espontáneamente.
- Te sientes seguro de tu capacidad para terminar tareas difíciles.
- Recibes *feedback* sin personalizarlo ni vivirlo como una catástrofe.
- Pides lo que quieres sin dudar demasiado.
- Te sientes aceptado y relajado.

Comienza a darte cuenta de que hay veces en que tiendes a la ansiedad y otras en las que te sientes seguro, en lugar de pensar que la tendencia a la ansiedad y la seguridad en ti mismo son rasgos que se excluyen mutuamente. Todos los clientes a los que he tratado de ansiedad tienen, sin excepción, áreas de su vida en las que, de forma natural, sienten confianza y seguridad en sí mismos. Muchos de ellos parecen ser personas seguras de sí mismas. Y no fingen ni mienten: la ansiedad y la seguridad en sí mismos coexisten como partes de su personalidad. De hecho, la gente me suele felicitar por ser una persona muy segura de mí misma. Sin embargo, como sabes tras leer los ejemplos referidos a mí misma, también soy muy propensa a la ansiedad. Para mí, «estar segura de mí misma» no es más cierto que «tender a la ansiedad», o viceversa. Ambos aspectos coexisten como parte de mi naturaleza. Estoy segura de que a ti te pasa lo mismo. En caso de duda, recuerda *El mago de Oz*, donde al León le preocupaba no tener valentía y al Hombre de Hojalata, no tener corazón. Y ambos tenían ambas cosas desde el principio. El problema era que no reconocían esas cualidades en sí mismos.

¿Por qué digo que ni siquiera las personas con más tendencia a la ansiedad están ansiosas todo el tiempo? Ser consciente de los matices de gris y de lo difusos que son los límites cuando se trata de definirte a ti mismo de una manera determinada te ayudará a seguir desarrollando un pensamiento flexible. El propósito de ver los grises de tu naturaleza es evitar que te etiquetes a ti mismo con demasiada rigidez.

Experimento. ¿Qué ejemplo reciente podrías citar de una situación que podría haber provocado ansiedad a alguien, y, sin embargo, a ti no te la provocó?

Sé consciente de las fortalezas de tu carácter

Intenta identificar tus cinco principales fortalezas como persona. No te limites al ámbito profesional. Recuerda que he dicho «como persona», no «como hormiga obrera». Si no te vienen a la mente de inmediato, comienza a prestar atención cuándo haces algo bien o cuándo te sientes bien contigo mismo y pregúntate qué fortalezas han propiciado esas situaciones.

Si quieres hacer un test formal sobre fortalezas, busca en internet y prueba alguno. Hay muchos que son gratuitos. A veces, los que cuentan con una base científica más sólida no siempre son los que los usuarios encuentran más útiles o interesantes.

Una vez que tengas la lista de tus cinco fortalezas principales, acude a ella cuando te enfrentes a un problema. Por ejemplo, si una de tus fortalezas es el ingenio, recuérdala cuando tengas que resolver un problema. Si quieres aumentar tu flexibilidad psicológica, intenta aplicar tus fortalezas de maneras distintas a como lo sueles hacer.[1] Por ejemplo, si normalmente aplicas el ingenio para averiguar cómo llevar a cabo una tarea tú mismo, intenta usarlo para encontrar a alguien en quien puedas delegar esa tarea. Si normalmente aplicas la fortaleza de la meticulosidad para hacer tareas de forma muy minuciosa, prueba a aplicarla a limitar la cantidad de tiempo y de energía que inviertes en la tarea y a garantizar que te ciñes a ese límite.

Experimento. Haz una lista con tus cinco principales fortalezas como persona. Como la puedes revisar en cualquier momento (es tuya, ¿no?), no seas demasiado perfeccionista. Una vez que tengas tu lista, elige una de las tareas que tengas que hacer ahora. ¿Cómo podrías aplicar alguna de tus cinco principales fortalezas para abordar la tarea de una manera distinta a la habitual?

Cuestiona los vestigios de la mentalidad fija

La mentalidad fija —la creencia de que las capacidades son fijas y no se pueden cambiar— es una de las áreas en las que la mayoría de las personas tienen que seguir trabajando de manera constante y que, como hemos comentado, tiende a conducir a un bajo rendimiento.

Sigue rastreando tus pensamientos de mentalidad fija. ¿Por qué es tan importante? La mentalidad fija puede dejar a las personas con la sensación de que algo las está frenando o de que hay algo en ellas que no funciona. En el capítulo 6, tratamos la mentalidad fija «No soy una persona de ideas». Otras de las que aparecen con frecuencia son «No se me dan bien las relaciones públicas» o «No soy buen negociador» (un ejemplo que mencioné brevemente en el capítulo 4).

La clave para superar una mentalidad fija es encontrar una manera de practicar la habilidad *fija* que sea efectiva y se adapte a ti. Veamos el ejemplo de las relaciones públicas. A mí me gusta conectar con otros profesionales mediante grupos profesionales en Facebook. Los participantes usan los grupos para formular y responder preguntas y para compartir información útil. Lo bueno de estos grupos es que te permiten participar cuando tienes tiempo y ganas. Al encontrar la manera de relacionarme con otros profesionales de un modo que se adapta a mis fortalezas (uso de la tecnología) y mis preferencias (no tener que arreglarme), he podido transformar mi mentalidad fija de que se me dan mal las relaciones públicas y no soy capaz de mejorar en este aspecto. Incluso ha modificado mi creencia de que no me gusta entablar contactos profesionales.

Cuando te descubras aferrándote a una mentalidad fija, pregúntate cómo podrías practicar esa habilidad de modo que se adapte a tu naturaleza, tu talento y tus preferencias. Si te sientes mal contigo mismo, pregúntate si el problema podría deberse a una mentalidad fija y cuál podría ser una mentalidad de crecimiento alternativa.

Experimento. Muchas veces, cuando un niño pequeño dice que no le gustan las matemáticas, el problema subyacente es que las matemáticas le resultan difíciles. ¿Qué habilidad no te gusta (como las relaciones públicas o la negociación)? Las habilidades que no te gustan acostumbran a ser un terreno ideal donde dar caza a mentalidades fijas que aún se mantienen ocultas y que podrías cuestionar. ¿De qué formas podrías dedicarte a la habilidad que no te gusta utilizando tus principales fortalezas e intereses? No hace falta que te comprometas a hacer nada, se trata solo de un ejercicio de reflexión. Por ejemplo, alguien a quien le guste la química, pero no cocinar, podría empezar a pensar en los aspectos químicos de la cocina.

Sustituye las etiquetas negativas sobre tu carácter

Las etiquetas negativas sobre el propio carácter son un problema aún más grave que la mentalidad fija. Algunos ejemplos de estas etiquetas negativas serían: «Soy egoísta», «No merezco que nadie me quiera», «Soy débil», «Soy un inepto», «Soy demasiado dependiente», «Soy un inútil» o «No valgo nada». ¡Qué lista más motivadora! Aunque estas creencias negativas suenan bastante dramáticas al verlas escritas, lo cierto es que muchas personas no se dan cuenta de que eso es exactamente lo que piensan acerca de sí mismas. Si tu reacción inmediata ha sido decir «No, yo no pienso nada de eso sobre mí» o «Solo alguien que estuviera muy deprimido pensaría algo semejante de sí mismo», tómate unos segundos más para asegurarte de que ni siquiera en parte tienes pensamientos de este tipo sobre ti mismo. Puede ser que te creas una etiqueta negativa sobre ti mismo solo en un veinte por ciento de las ocasiones, pero incluso eso puede ser un problema.

Hay dos tipos de etiquetas negativas sobre el carácter. Y las dos se pueden cambiar. Uno de los tipos es muy estable. Por ejemplo, crees que eres un incompetente y nunca has creído nada distinto a eso, ni siquiera cuando estás de buen humor. El otro tipo de etiqueta fluctúa en función de tu estado de ánimo, tu ansiedad y tu estrés. Cuando tu estado de ánimo es bajo, la creencia en la etiqueta negativa es mucho más fuerte que cuando tu estado de ánimo es positivo. Si la etiqueta negativa sobre tu carácter cambia en función de estados transitorios, como tu estado de ánimo, tu ansiedad o tu estrés, ser consciente de ello puede ayudarte a empezar a ver que la creencia es producto de esos factores y no algo real.

Experimento. Para sustituir las etiquetas negativas, intenta los pasos siguientes.

1. Elige una etiqueta positiva sobre tu carácter que te guste. Por ejemplo, si tu creencia antigua es «Soy un incompetente», es probable que eligieras «Soy competente».

2. Puntúa en una escala de 0 (= no lo creo en absoluto) a 100 (= lo creo a pies juntillas) hasta qué punto crees ahora en la antigua etiqueta negativa sobre tu carácter. Haz lo mismo con la nueva creencia positiva. Por ejemplo, podrías puntuar «Soy un incompetente» con un 95 y «Soy competente» con un 10 (no es necesario que las dos cifras sumen 100).

3. Crea un registro de datos positivos y un registro de datos históricos. Reforzar tu nueva etiqueta positiva a menudo es un enfoque más útil que intentar eliminar la antigua etiqueta negativa. Te sugeriré dos experimentos que te ayudarán a ello.

Registro de datos positivos. Durante dos semanas, comprométete a apuntar todas las pruebas que sustenten tu nueva creencia positiva acerca de tu carácter. Por ejemplo, si estás intentando reforzar tu creencia en el pensamiento «Soy competente» y llegas a una reunión a tiempo, lo puedes registrar como prueba de tu competencia.

No caigas en la trampa cognitiva de descartar algunas de las pruebas. Por ejemplo, si cometes un error y luego lo corriges, es una prueba de competencia, no de incompetencia, por lo que tiene cabida en tu registro de datos positivos.

Registro de datos históricos. Este registro te remite al pasado para que encuentres en él pruebas que corroboren tu creencia positiva. Este experimento te ayudará a ver que esa cualidad positiva de tu carácter forma parte de tu naturaleza estable. Para hacer este experimento, divide tu vida en los periodos que prefieras, por ejemplo, de cuatro a seis años cada uno. Si aún no has cumplido los treinta, puedes probar con periodos de tres o cuatro años.

Para seguir con el ejemplo anterior, si estás trabajando en la creencia «Soy competente», las pruebas de tu infancia podrían ser cosas como haber aprendido a caminar, a hablar o a forjar amistades. Supiste hacerlo. En la adolescencia, la prueba de tu competencia general en la vida podría ser haberte sacado el permiso para conducir ciclomotores (¡sí, aunque fuera a la tercera!). Las pruebas de tus primeros años de universidad podrían ser cosas como haber elegido una carrera que te gustó y graduarte. Las pruebas del período posterior a la educación formal podrían ser el haber encontrado trabajo y una casa. Deberías incluir también pruebas del ámbito social, como conocer a alguien con quien quisiste salir o decidir dejarlo con alguien cuando te diste cuenta de que la relación no era la adecuada para ti. La idea general es demostrarte a ti mismo que «Soy competente» es más cierto que «Soy un incompetente».

Otras creencias positivas acerca de tu carácter que podrías reforzar son, por ejemplo, «Soy fuerte (y no débil)», «Merezco que me quieran (y no lo contrario)» o «Merezco que me traten con respeto (en lugar de no valgo nada)». En ocasiones, la otra cara de una etiqueta negativa es evidente, como en el caso de fuerte/débil, pero a veces hay un par de opciones posibles que podrían considerarse opuestas; en este caso, puedes elegir.

4. Vuelve a puntuar en qué medida crees en la etiqueta negativa y en la positiva. Deberías haber visto que se ha producido un pequeño cambio como resultado de tu trabajo con los registros. Por ejemplo, quizá ahora hayas puntuado «Soy un incompetente» con un 50 en lugar de con un 95, y «Soy competente» con un 60 en lugar de con un 10. Es probable que la etiqueta negativa te acompañe desde hace mucho tiempo, por lo que no la podrás cambiar de un día para otro.

Si quieres seguir trabajando este aspecto, algunos de mis clientes han disfrutado con un libro titulado *Reinventa tu vida*.[2] Te ayudará a cambiar las etiquetas negativas que aplicas a tu carácter si crees que es algo que debes trabajar. También podrías acudir a un terapeuta cognitivo-conductual y decirle que has trabajado en errores de pensamiento, como la lectura de mente, la personalización y las predicciones negativas, pero que te gustaría trabajar en creencias básicas. *Creencias básicas* es el término clínico común para lo que aquí he llamado etiquetas positivas y negativas sobre el carácter.

Nota: los ejercicios del registro de datos positivos y del registro histórico se basan en ejercicios desarrollados por la doctora Christine Padesky.[3]

Encuentra tu red de apoyo social

La mayor parte de este libro se ha centrado en ayudarte a trabajar tu mundo interior. Quiero aprovechar esta última sección para instarte a que reflexiones acerca del papel que podrían desempeñar otras personas —y que quizá ya hayan desempeñado— a la hora de: 1) ayudarte a gustarte y a aceptarte tal y como eres, y 2) animarte a hacer cosas que son importantes para ti, pero que te hacen sentir vulnerable.

Las personas ansiosas tienden a beneficiarse de contar en su red de apoyo social con personas que desempeñan las funciones siguientes:

- **Alguien que te acepte.** Alguien que sientas que te acepta completamente y que te ayuda a aceptarte más a ti mismo. Esta persona te ayuda a ver que tus imperfecciones y tus rarezas no son defectos fatales que provoquen el rechazo de los demás. Aunque esta persona te acepta tal y como eres, también ha de establecer ciertos límites, como no dejarse arrastrar cuando te sumerges en una vorágine de preocupación.
- **Alguien que te dé un pequeño empujón.** Alguien que te anime a ir a por ello. Idealmente, debería ser alguien que ya haya tenido éxito en el mismo ámbito en el que tú quieres tenerlo y que te dé el pequeño empujón que necesitas para intentar seguir sus pasos. Si ya has logrado cierto nivel de éxito, esta persona será alguien que vaya uno o dos pasos por delante de ti.
- **Alguien que tenga una mente clara.** Alguien con quien puedes hablar acerca de las decisiones que estás valorando y que hará aportaciones sensatas. No resolverá tus problemas por ti, pero será una caja de resonancia que contribuirá con comentarios útiles, que te ayudarán a que tus ideas avancen.

Estas personas no aparecerán de la nada como por arte de magia. Con el tiempo, construye, cuida y atesora las relaciones con personas que puedan desempeñar una o varias de estas funciones. La investigación sobre las relaciones ha demostrado que las personas de nuestra red de apoyo nos ayudan a ver en nosotros mismos cualidades positivas que, de otro modo, pasaríamos por alto.[4] Las personas de apoyo adecuadas pueden ayudarte a apreciar mejor tu naturaleza multidimensional y a librarte de las maneras excesivamente limitantes o negativas en las que quizá te ves a ti mismo. A medida que vayas desarrollando la confianza en ti mismo, el autoconocimiento y la autoaceptación, te resultará cada vez más fácil pasar a la acción, incluso cuando esas acciones te provoquen una sensación de ansiedad o vulnerabilidad.

CONCLUSIÓN

De momento, hemos llegado al final de nuestro viaje juntos. Gracias por todo el esfuerzo que has hecho para comprender tu ansiedad y aprender a gestionarla. Puedes estar seguro de que, durante los próximos meses, tendrás muchas oportunidades para aplicar en tu día a día los conocimientos que has aprendido aquí. A través de ese proceso, los conocimientos adquiridos se convertirán en habilidades que siempre tendrás a tu disposición para afrontar cualquier situación.

Mis mejores deseos,

Alice

AGRADECIMIENTOS

Gran parte de este libro se basa en mi formación en terapia cognitivo-conductual y en modelos cognitivo-conductuales de la ansiedad. Por lo tanto, quiero trasladar todo mi agradecimiento a los miles de investigadores que han contribuido a nuestra comprensión colectiva de la psicología de la ansiedad. También quiero manifestar mi agradecimiento a mis clientes, que, con su voluntad para trabajar con esfuerzo y de un modo colaborativo, me han enseñado tanto de la psicología de los individuos como yo les he enseñado a ellos.

Si este libro ha visto la luz, ha sido gracias a la participación de muchas otras personas. Mi fantástico agente, Giles Anderson, fue de una importancia crucial en la génesis de esta obra y me ayudó a que la idea para el libro se transformara en un contrato editorial en cuestión de meses. Mi editora en Perigee Books, Meg Leder, ha sido el tipo de editora con el que soñaría cualquier autor: este libro es mejor gracias a ella.

He tenido la suerte de contar con mentores maravillosos a lo largo de mi carrera como psicóloga; el profesor Garth Fletcher, la profesora Fran Vertue y la profesora Janet Lartner no solo me han aportado habilidades, sino también confianza.

Gracias a mi mujer, la doctora Kathryn Burnell, por

leer los innumerables borradores del libro y recordarme cuándo me debo aplicar mi propio cuento. Sí, ya sé que mencionar a mi madre es algo cursi, pero, mamá, te quiero, y saber que siempre estás ahí para mí me ha dado la seguridad y la confianza necesarias para perseguir mis objetivos.

Escribir un libro puede ser un proceso bastante solitario, y es posible que me hubiera sentido muy sola de no ser por la maravillosa comunidad de escritoras y escritores de psicología que he conocido en los blogs de PsychologyToday.com. Mis compañeros autores-blogueros han sido muy generosos con su amistad y sus consejos, entre ellos: el doctor Guy Winch, Toni Bernhard, el professor Art Markman, la doctora Susan Newman, la doctora Mindy Greenstein, la doctora Barb Markway, Lynne Soraya y Meg Selig.

REFERENCIAS BIBLIOGRÁFICAS

Aldao, A., S. Nolen-Hoeksema y S. Schweizer, «Emotion-Regulation Strategies across Psychopathology: A Meta-Analytic Review», *Clinical Psychology Review*, vol. 30, núm. 2, 2010, págs. 217-237.

Allen, D., *Getting Things Done: The Art of Stress-Free Productivity*, Penguin, Nueva York, 2002 (trad. cast. *Organízate con eficacia: el arte de la productividad sin estrés*, Empresa Activa, Barcelona, 2015).

Arch, J. J., G. H. Eifert, D. Davies, J. C. Plumb Vilardaga, R. D. Rose y M. G. Craske, «Randomized Clinical Trial of Cognitive Behavioral Therapy (CBT) Versus Acceptance and Commitment Therapy (ACT) for Mixed Anxiety Disorders», *Journal of Consulting and Clinical Psychology*, 80, núm. 5, 2012, pág. 750.

Aron, E. N., *The Highly Sensitive Person*, Broadway Books, Nueva York, 1997 (trad. cast. *El don de la sensibilidad: Las personas altamente sensibles*, Obelisco, Barcelona, 2006).

Aron, E. N., y A. Aron, «Sensory-Processing Sensitivity and Its Relation to Introversion and Emotionality», *Journal of Personality and Social Psychology*, 73, núm. 2, 1997, pág. 345.

Barrett, P. M., R. M. Rapee, M. M. Dadds y S. M. Ryan, «Family Enhancement of Cognitive Style in Anxious and Aggressive Children», *Journal of Abnormal Child Psychology*, 24, núm. 2, 1996, págs. 187-203.

Baumeister, R. F., A. M. Stillwell y T. F. Heatherton,

«Guilt: An Interpersonal Approach», *Psychological Bulletin*, 115, núm. 2, 1994, pág. 243.

Beck, J. S., *Cognitive Behavior Therapy: Basics and Beyond*, Guilford Press, Nueva York, 2011.

Bernhard, T., «4 Tips for Slowing Down to Reduce Stress», *Psychology Today*, 13 de septiembre de 2011, <https://www.psy chologytoday.com/us/blog/turning-straw-gold/201109/4-tips-slowing-down-reduce-stress>.

«Big Five Personality Traits», en *Wikipedia*, https://es.wiki pedia.org/wiki/Modelo_de_los_cinco_grandes.

Boyes, A., «5 Meditation Tips for Beginners», *Psychology Today*, 18 de marzo de 2013, <https://www.psychologytoday.com/ us/blog/in-practice/201303/5-meditation-tips-beginners>.

Boyes, A., «7 Ways You Can Benefit from Procrastinating», *Psychology Today*, 19 de junio de 2014, <https://www.psycholo gytoday.com/us/blog/in-practice/201406/7-ways-you-can-benefit-procrastinating>.

Boyes, A. D., y G. J. O. Fletcher, «Metaperceptions of Bias in Intimate Relationships», *Journal of Personality and Social Psychology*, 92, núm. 2, 2007, pág. 286.

Breines, J. G., y S. Chen, «Self-Compassion Increases Self-Improvement Motivation», *Personality and Social Psychology Bulletin*, 38, núm. 9, 2012, págs. 1133-1143.

Brown, B., *Listening to Shame*, TED Talks, marzo de 2012, <ted.com/talks/brene_brown_listening_to_shame?language =en>.

Butler, A. C., J. E. Chapman, E. M. Forman y A. T. Beck, «The Empirical Status of Cognitive-Behavioral Therapy: A Review of Meta-Analyses», *Clinical Psychology Review*, 26, núm. 1, 2006, págs. 17-31.

Coping with Physical Alarms: Exposure. Part 1, Centre for Clinical Interventions, <www.cci.health.wa.gov.au/docs/Pan-ic-09_Exposure-1.pdf>.

Derrick, J. L., «Energized by Television: Familiar Fictional Worlds Restore Self-Control», *Social Psychological and Personality Science*, 4, núm. 3, 2013, págs. 299-307.

Dugas, M. J., P. Gosselin y R. Ladouceur, «Intolerance of Uncertainty and Worry: Investigating Specificity in a Nonclinical Sample», *Cognitive Therapy and Research*, 25, núm. 5, 2001, págs. 551-558.

Dweck, C., *Mindset: The New Psychology of Success*, Random House, Nueva York, 2006.

Edwards, S. L., R. M. Rapee y J. Franklin, «Postevent Rumi-nation and Recall Bias for a Social Performance Event in High and Low Socially Anxious Individuals», *Cognitive Therapy and Research*, 27, núm. 6, 2003, págs. 603-617.

Egan, S. J., T. D. Wade y R. Shafran, «Perfectionism as a Transdiagnostic Process: A Clinical Review», *Clinical Psychology Review*, 31, núm. 2, 2011, págs. 203-212.

Elliott, E. S., y C. S. Dweck, «Goals: An Approach to Motivation and Achievement», *Journal of Personality and Social Psychology*, 54, núm. 1, 1988, pág. 5.

«Facts & Statistics», Anxiety and Depression Association of America, <adaa.org/about-adaa/press-room/facts-statistics>.

Feske, U., y D. L. Chambless, «Cognitive Behavioral Versus Exposure Only Treatment for Social Phobia: A Meta-Analysis», *Behavior Therapy*, 26, núm. 4, 1995, págs. 695-720.

Fry, P. S., y D. L. Debats, «Perfectionism and the Five-Factor Personality Traits as Predictors of Mortality in Older Adults», *Journal of Health Psychology*, 14, núm. 4, 2009, págs. 513-524.

«The Fundamental Attribution Error», en Wikipedia, <https://es.wikipedia.org/wiki/Sesgo_de_correspondencia>.

Glenn, D., D. Golinelli, R. D. Rose, P. Roy-Byrne, M. B. Stein, G. Sullivan, A. Bystritksy, C. Sherbourne y M. G. Craske, «Who Gets the Most out of Cognitive Behavioral

Therapy for Anxiety Disorders? The Role of Treatment Dose and Patient Engagement», *Journal of Consulting and Clinical Psychology*, 81, núm. 4, 2013, pág. 639.

Gollwitzer, P. M., y V. Brandstätter, «Implementation Intentions and Effective Goal Pursuit», *Journal of Personality and Social Psychology*, 73, núm. 1, 1997, pág. 186.

Gottman, J. M., y N. Silver, *The Seven Principles for Making Marriage Work*, Random House, Nueva York, 1999.

Gould, R. A., M. W. Ott y M. H. Pollack, «A Meta-Analysis of Treatment Outcome for Panic Disorder», *Clinical Psychology Review*, 15, núm. 8, 1995, págs. 819-844.

Halvorson, H. G., y E. T. Higgins, *Focus: Use Different Ways of Seeing the World for Success and Influence*, Plume, Nueva York, 2014.

Harvey, Allison G., «A Cognitive Model of Insomnia», *Behaviour Research and Therapy*, 40, núm. 8, 2002, págs. 869-893.

Hofmann, S. G., A. T. Sawyer, A. A. Witt y D. Oh, «The Effect of Mindfulness-Based Therapy on Anxiety and Depression: A Meta-Analytic Review», *Journal of Consulting and Clinical Psychology*, 78, núm. 2, 2010, pág. 169.

Hofmann, S. G., y J. A. J. Smits, «Cognitive-Behavioral Therapy for Adult Anxiety Disorders: A Meta-Analysis of Randomized Placebo-Controlled Trials», *Journal of Clinical Psychiatry*, 69, núm. 4, 2008, pág. 621.

Holahan, C. J., R. H. Moos, C. K. Holahan, P. L. Brennan y K. K. Schutte, «Stress Generation, Avoidance Coping, and Depressive Symptoms: A 10-Year Model», *Journal of Consulting and Clinical Psychology*, 73, núm. 4, 2005, pág. 658.

Holt-Lunstad, J., W. A. Birmingham y K. C. Light, «Influence of a 'Warm Touch' Support Enhancement Intervention Among Married Couples on Ambulatory Blood Pressure, Oxytocin, Alpha Amylase, and Cortisol», *Psychosomatic Medicine*, 70, núm. 9, 2008, págs. 976-985.

«Intermittent Reinforcement», Out of the FOG, <outofthefog. net/CommonNonBehaviors/IntermittentReinforcement.html>.

Iyengar, S. S., y M. R. Lepper, «When Choice Is Demotivating: Can One Desire Too Much of a Good Thing?», *Journal of Personality and Social Psychology*, 79, núm. 6, 2000, pág. 995.

Kotov, R., G. Wakiza, S. Frank y D. Watson, «Linking "Big" Personality Traits to Anxiety, Depressive, and Substance Use Disorders: A Meta-Analysis», *Psychological Bulletin*, 136, núm. 5, 2010, pág. 768.

Kramer, A. D. I., J. E. Guillory y J. T. Hancock, «Experimental Evidence of Massive-Scale Emotional Contagion through Social Networks», *Proceedings of the National Academy of Sciences U.S.A.*, 11, núm. 24, 2014, págs. 8788-8790.

Leith, K. P., y R. F. Baumeister, «Empathy, Shame, Guilt, and Narratives of Interpersonal Conflicts: Guilt-Prone People Are Better at Perspective Taking», *Journal of Personality*, 66, núm. 1, 1998, págs. 1-37.

Linehan, M. M., *Skills Training Manual for Treating Borderline Personality Disorder*, Guilford Press, Nueva York, 1993.

Linehan, M. M., M. Bohus y T. R. Lynch, «Dialectical Behavior Therapy for Pervasive Emotion Dysregulation», en J. J. Gross (comp.), *Handbook of Emotion Regulation*, Guilford Press, Nueva York, 2007.

Lyubomirsky, S., F. Kasri, O. Chang e I. Chung, «Ruminative Response Styles and Delay of Seeking Diagnosis for Breast Cancer Symptoms», *Journal of Social and Clinical Psychology*, 25, núm. 3, 2006, págs. 276-304.

Markman, A., «Changing Habits Beautifully», *YouBeauty*, 16 de agosto de 2011, <youbeauty.com/mind/columns/a-beautiful-mind/changing-habits-beautifully>.

Markman, A., *Smart Thinking: Three Essential Keys to Solve Problems, Innovate, and Get Things Done*, Perigee, Nueva York, 2012.

Markman, A., «The Upside and Downside of Being Nice at Work», *Huffington Post*, 30 de marzo de 2012, <https://www.huffpost.com/entry/nice-people_b_1223492>.

Masuda, A., S. C. Hayes, C. F. Sackett y M. P. Twohig, «Cognitive Defusion and Self-Relevant Negative Thoughts: Examining the Impact of a Ninety Year Old Technique», *Behaviour Research and Therapy*, 42, núm. 4, 2004, págs. 477-485.

Mayer, J. D., L. J. McCormick y S. E. Strong, «Mood-Congruent Memory and Natural Mood: New Evidence», *Personality and Social Psychology Bulletin*, 21, 1995, págs. 736-736.

McGonigal, K., «Does Self-Compassion or Criticism Motivate Self-Improvement?», *Psychology Today*, 4 de junio de 2012, <https://www.psychologytoday.com/us/blog/the-science-willpower/201206/does-self-compassion-or-criticism-motivate-self-improvement>.

McGonigal, K., «How to Make Stress Your Friend», TED Talks, junio de 2013, <ted.com/talks/kelly_mcgonigal_how_to_make_stress_your_friend>.

McKay, M., P. Fanning y P. Z. Ona, *Mind and Emotions: A Universal Treatment for Emotional Disorders*, New Harbinger, Oakland, California, 2011.

Murray, S. L., J. G. Holmes y D. W. Griffin, «The Self-Fulfilling Nature of Positive Illusions in Romantic Relationships: Love Is Not Blind, but Prescient», *Journal of Personality and Social Psychology*, 71, núm. 6, 1996, pág. 1155.

«Need for Cognition», en *Wikipedia*, <https://en.wikipedia.org/wiki/Need_for_cognition>.

Neff, K., *Self-Compassion: Stop Beating Yourself Up and Leave Insecurity Behind*, Harper Collins, Nueva York, 2011 (trad. cast.: *Sé amable contigo mismo: El arte de la compasión hacia uno mismo*, Paidós, Barcelona, 2016).

Neff, K., «Test How Self-Compassionate You Are», *Self-Compassion*, 2009, <https://self-compassion.org/self-compassion-test/>.

Norem, J. K., y E. C. Chang, «The Positive Psychology of Negative Thinking», *Journal of Clinical Psychology*, 58, núm. 9, 2002, págs. 993-1001.

Olatunji, B. O., J. M. Cisler y B. J. Deacon, «Efficacy of Cognitive Behavioral Therapy for Anxiety Disorders: A Review of MetaAnalytic Findings», *Psychiatric Clinics of North America*, 33, núm. 3, 2010, págs. 557-577.

Padesky, C. A., «Schema Change Processes in Cognitive Therapy», *Clinical Psychology & Psychotherapy*, 1, núm. 5, 1994, págs. 267-278.

«Panic Stations», Centre for Clinical Intervention, <https://www.cci.health.wa.gov.au/Resources/Looking-After-Your self/Panic>.

Rapee, R. M., y L. Lim, «Discrepancy Between Self- and Observer Ratings of Performance in Social Phobics», *Journal of Abnormal Psychology*, 101, núm. 4, 1992, pág. 728.

Rashid, T., y A. Anjum, «340 Ways to Use VIA Character Strengths», Universidad de Pensilvania, Filadelfia, 2005, <acti onforhappiness.org/media/52486/340_ways_to_use_character _strengths.pdf>.

Rethorst, C. D., B. M. Wipfli y D. M. Landers, «The Antidepressive Effects of Exercise», *Sports Medicine*, 39, núm. 6, 2009, págs. 491-511.

Rogge, T., «Panic Disorder», en *Medline Plus*, 10 de marzo de 2014, <nlm.nih.gov/medlineplus/ency/article/000924.htm>.

Shafran, R., Z. Cooper y C. G. Fairburn, «Clinical Perfectionism: A Cognitive-Behavioural Analysis», *Behaviour Research and Therapy*, 40, núm. 7, 2002, págs. 773-791.

Smith, R. E., e I. G. Sarason, «Social Anxiety and the Evaluation of Negative Interpersonal Feedback», *Journal of Consulting and Clinical Psychology*, 43, núm. 3, 1975, pág. 429.

Tafarodi, R. W., y W. B. Swann, Jr., «Self-Liking and Self-Competence as Dimensions of Global Self-Esteem: Initial Validation of a Measure», *Journal of Personality Assessment*, 65, núm. 2, 1995, págs. 322-342.

Tolin, D. F., «Is Cognitive-Behavioral Therapy More Effective Than Other Therapies?: A Meta-Analytic Review», *Clinical Psychology Review*, 30, núm. 6, 2010, págs. 710-720.

Vohs, K. D., R. F. Baumeister, B. J. Schmeichel, J. M. Twenge, N. M. Nelson y D. M. Tice, «Making Choices Impairs Subsequent Self-Control: A Limited-Resource Account of Decision Making, Self-Regulation, and Active Initiative», *Journal of Personality and Social Psychology*, 94, núm. 5, 2008, pág. 883.

Wells, A., *Metacognitive Therapy for Anxiety and Depression*, Guilford Press, Nueva York, 2011.

Winch, G., *Emotional First Aid: Practical Strategies for Treating Failure, Rejection, Guilt, and Other Everyday Psychological Injuries*, Exisle, Nueva York, 2013.

Young, J., y J. Klosko, *Reinventing Your Life: The Breakthrough Program to End Negative Behavior and Feel Great Again*, Plume, Nueva York, 1994 (trad. cast.: *Reinventa tu vida: Cómo superar las actitudes negativas y sentirse bien de nuevo*, Paidós, Barcelona, 2012).

Young, J., J. Klosko y M. Weishaar, *Schema Therapy: A Practitioner's Guide*, Guilford Press, Nueva York, 2003.

NOTAS

PARTE 1. Entiéndete a ti mismo y a tu ansiedad

CAPÍTULO 1. Cómo funciona la ansiedad

1. «Facts & Statistics», Anxiety and Depression Association of America, <adaa.org/about-adaa/press-room/facts-statistics>.
2. A. C. Butler, J. E. Chapman, E. M. Forman y A. T. Beck, «The Empirical Status of Cognitive-Behavioral Therapy: A Review of Meta-Analyses», *Clinical Psychology Review*, 26, núm. 1, 2006, págs. 17-31.
3. J. K. Norem y E. C. Chang, «The Positive Psychology of Negative Thinking», *Journal of Clinical Psychology*, 58, núm. 9, 2002, págs. 993-1001.

Capítulo 2. Entiende tu multidimensionalidad

1. R. Kotov, G. Wakiza, S. Frank y D. Watson, «Linking "Big" Personality Traits to Anxiety, Depressive, and Substance Use Disorders: A Meta-Analysis», *Psychological Bulletin*, 136, núm. 5, 2010, pág. 768.
2. E. N. Aron y A. Aron, «Sensory-Processing Sensitivity and Its Relation to Introversion and Emotionality», *Journal of Personality and Social Psychology*, 73, núm. 2, 1997, pág. 345.
3. E. N. Aron, *The Highly Sensitive Person*, Broadway Books, Nueva York, 1997 (trad. cast.: *El don de la sensibilidad: Las personas altamente sensibles*, Obelisco, Barcelona, 2006).
4. «Big Five Personality Traits», en *Wikipedia*, <en.wikipedia.org/wiki/Big_Five_personality_traits>
5. A. Markman, «The Upside and Downside of Being Nice at Work»,

Huffington Post, 30 de marzo de 2012, <https://www.huffpost.com/entry/nice-people_b_1223492>.

6. A. Markman, «The Upside and Downside of Being Nice at Work», *Huffington Post*, 30 de marzo de 2012, <https://www.huffpost.com/entry/nice-people_b_1223492>.

7. Prem S. Fry y Dominique L. Debats, «Perfectionism and the Five-Factor Personality Traits as Predictors of Mortality in Older Adults», *Journal of Health Psychology*, 14, núm. 4, 2009. págs. 513-524.

CAPÍTULO 3. Tus objetivos

1. Allison G. Harvey, «A Cognitive Model of Insomnia», *Behaviour Research and Therapy*, 40, núm. 8, 2002, págs. 869-893.

2. G. Winch, *Emotional First Aid: Practical Strategies for Treating Failure, Rejection, Guilt, and Other Everyday Psychological Injuries*, Exisle, Nueva York, 2013.

3. K. McGonigal, «How to Make Stress Your Friend», TED Talks, junio de 2013, <ted.com/talks/kelly_mcgonigal_how_to_make_stress_your_friend>.

4. R. W. Tafarodi y W. B. Swann, Jr., «Self-Liking and Self-Competence as Dimensions of Global Self-Esteem: Initial Validation of a Measure», *Journal of Personality Assessment*, 65, núm. 2, 1995, págs. 322-342.

PARTE 2. Tu caja de herramientas para combatir la ansiedad: supera tus bloqueos

CAPÍTULO 4. Dudas: cómo dejar de reprimirte de hacer lo que quieres hacer

1. M. J. Dugas, P. Gosselin y R. Ladouceur, «Intolerance of Uncertainty and Worry: Investigating Specificity in a Nonclinical Sample», *Cognitive Therapy and Research*, 25, núm. 5, 2001, págs. 551-558.

2. A. Markman, «Changing Habits Beautifully», *YouBeauty.com*, 16 de agosto de 2011, <youbeauty.com/mind/columns/a-beautiful-mind/changing-habits-beautifully>.

3. C. Dweck, *Mindset: The New Psychology of Success*, Random House, Nueva York, 2006.

4. P. M. Gollwitzer y V. Brandstätter, «Implementation Intentions and Effective Goal Pursuit», *Journal of Personality and Social Psychology*, 73, núm. 1, 1997, pág. 186.

5. «Intermittent Reinforcement», Out of the FOG, <outofthefog.net/ CommonNonBehaviors/IntermittentReinforcement.html>.

6. A. D. I. Kramer, J. E. Guillory y J. T. Hancock, «Experimental Evidence of Massive-Scale Emotional Contagion through Social Networks», *Proceedings of the National Academy of Sciences U.S.A.*, 11, núm. 24, 2014, págs. 8788-8790.

CAPÍTULO 5. Rumiación: cómo desbloquear el pensamiento

1. «Need for Cognition», en *Wikipedia*, <en.wikipedia.org/wiki/Need_ for_cognition>.

2. S. L. Edwards, R. M. Rapee y J. Franklin, «Postevent Rumination and Recall Bias for a Social Performance Event in High and Low Socially Anxious Individuals», *Cognitive Therapy and Research*, 27, núm. 6, 2003, págs. 603-617.

3. A. Wells, *Metacognitive Therapy for Anxiety and Depression*, Guilford Press, Nueva York, 2011.

4. S. Lyubomirsky, F. Kasri, O. Chang e I. Chung, «Ruminative Response Styles and Delay of Seeking Diagnosis for Breast Cancer Symptoms», *Journal of Social and Clinical Psychology*, 25, núm. 3, 2006, págs. 276-304.

5. K. McGonigal, «Does Self-Compassion or Criticism Motivate Self-Improvement?», *Psychology Today*, 4 de junio de 2012, <https://www.psy chologytoday.com/us/blog/the-science-willpower/201206/does-self-com passion-or-criticism-motivate-self-improvement>.

6. J. G. Breines y S. Chen, «Self-Compassion Increases Self-Improvement Motivation», *Personality and Social Psychology Bulletin*, 38, núm. 9, 2012, págs. 1133-1143.

7. M. McKay, P. Fanning y P. Z. Ona, *Mind and Emotions: A Universal Treatment for Emotional Disorders*, New Harbinger, Oakland, California, 2011.

8. J. S. Beck, *Cognitive Behavior Therapy: Basics and Beyond*, Guilford Press, Nueva York, 2011.

9. S. G. Hofmann, A. T. Sawyer, A. A. Witt y D. Oh, «The Effect of Mindfulness-Based Therapy on Anxiety and Depression: A Meta-Analytic Review», *Journal of Consulting and Clinical Psychology*, 78, núm. 2, 2010, pág. 169.

10. A. Boyes, «5 Meditation Tips for Beginners», *Psychology Today*, 18 de marzo de 2013, <https://www.psychologytoday.com/us/blog/in-practice/201303/5-meditation-tips-beginners>.

11. S. S. Iyengar y M. R. Lepper, «When Choice Is Demotivating: Can One Desire Too Much of a Good Thing?», *Journal of Personality and Social Psychology*, 79, núm. 6, 2000, pág. 995.

CAPÍTULO 6. Perfeccionismo paralizante: cómo impedir que las altas exigencias del tipo equivocado te aparten de tu camino

1. S. J. Egan, T. D. y Wade R. Shafran, «Perfectionism as a Trans–diagnostic Process: A Clinical Review», *Clinical Psychology Review*, 31, núm. 2, 2011, págs. 203-212.

2. J. Young, J. Klosko y M. Weishaar, *Schema Therapy: A Practitioner's Guide*, Guilford Press, Nueva York, 2003.

3. R. Shafran, Z. Cooper y C. G. Fairburn, «Clinical Perfectionism: A Cognitive-Behavioural Analysis», *Behaviour Research and Therapy*, 40, núm. 7, 2002, págs. 773-791.

4. E. S. Elliott y C. S. Dweck «Goals: An Approach to Motivation and Achievement», *Journal of Personality and Social Psychology*, 54, núm. 1, 1988, pág. 5.

5. J. D. Mayer, L. J. McCormick y S. E. Strong, «Mood-Congruent Memory and Natural Mood: New Evidence», *Personality and Social Psychology Bulletin*, 21, 1995, págs. 736-736.

6. A. Markman, *Smart Thinking: Three Essential Keys to Solve Problems, Innovate, and Get Things Done*, Perigee, Nueva York, 2012.

7. T. Bernhard, «4 Tips for Slowing Down to Reduce Stress», *Psychology Today*, 13 de septiembre de 2011, <https://www.psychologytoday.com/us/blog/turning-straw-gold/201109/4-tips-slowing-down-reduce-stress>.

8. K. D. Vohs, R. F. Baumeister, B. J. Schmeichel, J. M. Twenge, N. M. Nelson y D. M. Tice, «Making Choices Impairs Subsequent Self-Control: A Limited-Resource Account of Decision Making, Self-Regulation, and Active Initiative», *Journal of Personality and Social Psychology*, 94, núm. 5, 2008, pág. 883.

CAPÍTULO 7. El miedo al *feedback* y a la crítica: cómo
gestionar tu sensibilidad ante las valoraciones externas

1. R. M. Rapee y L. Lim, «Discrepancy Between Self- and Observer Ratings of Performance in Social Phobics», *Journal of Abnormal Psychology*, 101, núm. 4, 1992, pág. 728.

2. A. D. Boyes y G. J. O. Fletcher, «Metaperceptions of Bias in Intimate Relationships», *Journal of Personality and Social Psychology*, 92, núm. 2, 2007, pág. 286.

3. J. L. Derrick, «Energized by Television: Familiar Fictional Worlds Restore Self-Control», *Social Psychological and Personality Science*, 4, núm. 3, 2013, págs. 299-307.

4. R. E. Smith e I. G. Sarason, «Social Anxiety and the Evaluation of Negative Interpersonal Feedback», *Journal of Consulting and Clinical Psychology*, 43, núm. 3, 1975, pág. 429.

5. P. M. Barrett, R. M. Rapee, M. M. Dadds y S. M. Ryan, «Family Enhancement of Cognitive Style in Anxious and Aggressive Children», *Journal of Abnormal Child Psychology*, 24, núm. 2, 1996, págs. 187-203.

6. M. M. Linehan, *Skills Training Manual for Treating Borderline Personality Disorder*, Guilford Press, Nueva York, 1993.

CAPÍTULO 8. Evitación: cómo dejar de esconder
la cabeza en la arena ante las cosas importantes

1. A. Aldao, S. Nolen-Hoeksema y S. Schweizer, «Emotion-Regulation Strategies across Psychopathology: A Meta-Analytic Review», *Clinical Psychology Review*, 30, núm. 2, 2010, págs. 217-237.

2. C. J. Holahan, R. H. Moos, C. K. Holahan, P. L. Brennan y K. K. Schutte, «Stress Generation, Avoidance Coping, and Depressive Symptoms: A 10-Year Model», *Journal of Consulting and Clinical Psychology*, 73, núm. 4, 2005, pág. 658.

3. J. M. Gottman y N. Silver, *The Seven Principles for Making Marriage Work*, Random House, Nueva York, 1999.

4. K. P. Leith y R. F. Baumeister, «Empathy, Shame, Guilt, and Narratives of Interpersonal Conflicts: Guilt-Prone People Are Better at Perspective Taking», *Journal of Personality*, 66, núm. 1, 1998, págs. 1-37.

5. B. Brown, *Listening to Shame*, TED Talks, marzo de 2012, <ted.com/talks/brene_brown_listening_to_shame?language=en>.

6. D. Glenn, D. Golinelli, R. D. Rose, P. Roy-Byrne, M. B. Stein, G. Sullivan, A. Bystritksy, C. Sherbourne y M. G. Craske, «Who Gets the Most out of Cognitive Behavioral Therapy for Anxiety Disorders? The Role of Treatment Dose and Patient Engagement», *Journal of Consulting and Clinical Psychology*, 81, núm. 4, 2013, pág. 639.

7. U. Feske y D. L. Chambless, «Cognitive Behavioral Versus Exposure Only Treatment for Social Phobia: A Meta-Analysis», *Behavior Therapy*, 26, núm. 4, 1995, págs. 695-720.

8. D. Allen, *Getting Things Done: The Art of Stress-Free Productivity*, Penguin, Nueva York, 2002 (trad. cast.: *Organízate con eficacia: el arte de la productividad sin estrés*, Empresa Activa, Barcelona 2015).

9. Véase «Enviar mensajes de Gmail o deshacer el envío», <https://su pport.google.com/mail/answer/2819488?hl=es&co=GENIE.Platform%3D Desktop>.

10. A. Boyes, «7 Ways You Can Benefit from Procrastinating», *Psychology Today*, 19 de junio, 2014, <https://www.psychologytoday.com/us/blog/ in-practice/201406/7-ways-you-can-benefit-procrastinating>.

PARTE 3. Y ahora ¿qué?

CAPÍTULO 9. Gestionar tu ansiedad o vivir tu vida

1. C. D. Rethorst, B. M. Wipfli y D. M. Landers, «The Antidepressive Effects of Exercise», *Sports Medicine*, 39, núm. 6, 2009, págs. 491-511.

2. J. Holt-Lunstad, W. A. Birmingham y K. C. Light, «Influence of a 'Warm Touch' Support Enhancement Intervention Among Married Couples on Ambulatory Blood Pressure, Oxytocin, Alpha Amylase, and Cortisol», *Psychosomatic Medicine*, 70, núm. 9, 2008, págs. 976-985.

CAPÍTULO 10. Los obstáculos más habituales

1. Véase «Test How Self-Compassionate You Are», <https://self-compas sion.org/self-compassion-test/>.

2. T. Rogge, «Panic Disorder», *Medline Plus*, 10 de marzo de 2014, <nlm. nih.gov/medlineplus/ency/article/000924.htm>.

3. M. M. Linehan, M. Bohus y T. R. Lynch, «Dialectical Behavior

Therapy for Pervasive Emotion Dysregulation», en J. J. Gross (comp.), *Handbook of Emotion Regulation*, Guilford Press, Nueva York, 2007.

4. M. M. Linehan, *Skills Training Manual for Treating Borderline Personality Disorder*, Guilford Press, Nueva York, 1993.

5. A. Masuda, S. C. Hayes, C. F. Sackett y M. P. Twohig, «Cognitive Defusion and Self-Relevant Negative Thoughts: Examining the Impact of a Ninety Year Old Technique», *Behaviour Research and Therapy*, 42, núm. 4, 2004, págs. 477-485.

6. J. J. Arch, G. H. Eifert, D. Davies, J. C. Plumb Vilardaga, R. D. Rose y M. G. Craske, «Randomized Clinical Trial of Cognitive Behavioral Therapy (CBT) Versus Acceptance and Commitment Therapy (ACT) for Mixed Anxiety Disorders», *Journal of Consulting and Clinical Psychology*, 80, núm. 5, 2012, pág. 750.

7. R. A. Gould, M. W. Ott y M. H. Pollack, «A Meta-Analysis of Treatment Outcome for Panic Disorder», *Clinical Psychology Review*, 15, núm. 8, 1995, págs. 819-844.

8. *Coping with Physical Alarms: Exposure. Part 1*, Centre for Clinical Interventions, <https://www.cci.health.wa.gov.au/-/media/CCI/Consumer-Mo dules/Panic-Stations/Panic-Stations---09---Coping-with-Physical-Alarms-Exposure-Part-1.pdf>; «Panic Stations».

CAPÍTULO 11. ¿Te gustas o te toleras?

1. T. Rashid y A. Anjum, «340 Ways to Use VIA Character Strengths», Universidad de Pensilvania, Filadelfia, 2005, <actionforhappiness.org/media/ 52486/340_ways_to_use_character_strengths.pdf>.

2. J. Young y J. Klosko, *Reinventing Your Life: The Breakthrough Program to End Negative Behavior and Feel Great Again*, Plume, Nueva York, 1994 (trad. cast. *Reinventa tu vida: Cómo superar las actitudes negativas y sentirse bien de nuevo*, Paidós, Barcelona, 2012).

3. C. A. Padesky, «Schema Change Processes in Cognitive Therapy», *Clinical Psychology & Psychotherapy*, 1, núm. 5, 1994, págs. 267-278.

4. S. L. Murray, J. G. Holmes y D. W. Griffin, «The Self-Fulfilling Nature of Positive Illusions in Romantic Relationships: Love Is Not Blind, but Prescient», *Journal of Personality and Social Psychology*, 71, núm. 6, 1996, pág. 1155.

ÍNDICE ANALÍTICO Y ONOMÁSTICO

nes negativas, 13, 70, 123, 140, **161-162**, 179, 220

síntomas, **14**, 15, 23-24

terapia cognitivo-conductual (TCC), 16, 20-21, 22, 38, 107, 163-164, 204-206

usar el libro de la manera que más útil te resulte, 23-25

ventaja evolutiva, 15

zona de confort, salir de la, 15

véase también caja de herramientas para combatir la ansiedad; cambios cognitivos; cambios conductuales; multidimensionalidad, entiende tu; objetivos, tus; test; y ahora ¿qué?

aprendizaje o desempeño, atención al, perfeccionismo paralizante, 116-118

aprendizaje o perfección, atención al, perfeccionismo paralizante, 116-118

apuntar ideas a medida que las tengas, rumiación, 107

áreas donde las personas tienden a tropezar, *véase* resolución de problemas frecuentes

Aron, Elaine, 33

asumir responsabilidades (excesivas), resolución de problemas frecuentes, 97, 194-195, 201

ataques de pánico (pánico a los), resolución de problemas frecuentes, 20, 49, 163-164, 202-206

atención plena, meditación de, 101-103, 127

autocompasión, resolución de problemas frecuentes, 96-97, 196

autocrítica, 13, 91, 95-98, 191-192, 196

continuada, 13, 91-92, 95-98, 107, 191-192, 196

autoestima, objetivos, 46-47, 60

avanzar formulando preguntas, rumiación, 107-108

Bernhard, Toni, 127

bloqueos (trampa de ansiedad), 15-16, *véase también* caja de herramientas

para combatir la ansiedad

bocadillo de sapos, *feedback*, 149

Broadway, actriz de, y Starbucks, 56

brújula, tus objetivos como, 61

bucle de pensamiento positivo, rumiación, 98

buscar el sentido o la felicidad, objetivos, 59

búsqueda de sensaciones, multidimensionalidad, 35-36, 58

caja de herramientas para combatir la ansiedad, 17, 19, 21-23

TheAnxietyToolkit.com, 167, 189

véase también ansiedad; duda excesiva (trampa de ansiedad); evitación (trampa de ansiedad); miedo al *feedback* y a la crítica (trampa de ansiedad); perfeccionismo paralizante (trampa de ansiedad); rumiación (trampa de ansiedad)

cambiar a otras personas, resolución de problemas frecuentes, 201-202

cambio (procesar), multidimensionalidad, 35-36, 184

cambio de temperatura, estrategia del, resolución de problemas frecuentes, 203 -204

cambio y rutina (equilibrio), gestionar la ansiedad o vivir tu vida, 177, 184

cambios cognitivos, 23

dudas excesivas, 69-80

evitación, 155-162

miedo al *feedback* y a las críticas, 137-146

perfeccionismo paralizante, 113-126

rumiación, 90-106

véase también ansiedad

cambios conductuales, 23

dudas excesivas, 80-86

evitación, 163-172

miedo al *feedback* y a la crítica, 146-150

perfeccionismo paralizante, 126-132